历史真有趣（全四册）

回到史前时代

［法］维维亚娜·柯尼希 / 著

［法］亚历山大·弗朗 / 绘

姜莹莹 / 译

上海文化出版社

目 录

我叫卢米，是你的向导！

26

尼安德特人

32

欧洲的智人——
克罗马农人

50

智人的革命

64

卢米的历史小课堂

欢迎来到史前时代！

史前时代是指地球上早期人类生活的时代。由于没有任何的文字记载，史前时代也被学者们称为"没有文字的时代"。

400万年前：旧石器时代即将开始。

在这个时期，南方古猿出现了：它们已经可以直立行走，还能把找到的东西用作武器和工具。

320万年前：科学家们发现的阿法南方古猿的标本化石——露西正生活在非洲。

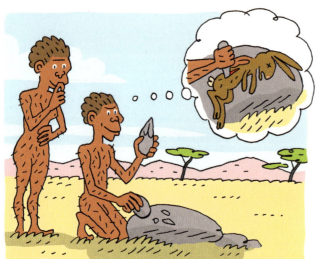

250万年前：最早的人类——能人出现了，他们能打制石器工具。

200万年前：历史进入了直立人的时代，他们发现了火的使用方法。

公元前16万年：我们的祖先——智人出现在非洲大陆上，后来，他们走出非洲，迁徙到了亚洲、欧洲……

哎哟！

公元前12万年：尼安德特人已经有了埋葬死者的习俗。他们会不会相信人死后会进入另一个世界呢？

公元前4万年：慢慢地，智人创造了艺术。他们不仅会制作首饰和精美的物件，还能装饰洞穴。

公元前1万年：旧石器时代结束……一个新的历史阶段——新石器时代开始了。这是人类的巨大进步！

哎哟！

公元前9000年：智人逐渐定居，形成了村庄。农业、畜牧业和手工业也开始萌芽。

公元前3200年：随着文字的发明，史前时代结束，有文字记载的古代史开始了。

那，史前时代之前的世界又是怎样的呢？

大约 137 亿年以前：宇宙开始于一场大爆炸。

大爆炸！

大约 50 亿年以前：恒星太阳出现了。随后，围绕太阳旋转的行星也出现了。

太阳
月球
地球
火星

30 多亿年前：地球上出现了生命。

细菌
藻类

5 亿 5000 万年前：这个时期，动物们的样子都很奇特。

那时候，我还没出生呢！

水母
鱼
七鳃鳗
鱼
甲壳 (qiào) 类动物

3 亿 5000 万年前：一些鱼从水中爬到了岸上，一些藻类也在陆地上扎了根。

蕨类植物
苔藓植物

2亿4500万年前……

大嘴巴的腔棘鱼

板足鲎(hòu)

背着螺旋形外壳的菊石

鳄鱼的祖先体长可达10米

14米长的泰坦巨蟒

与此同时，地壳板块也在不断地移动，逐渐形成了各个大陆。

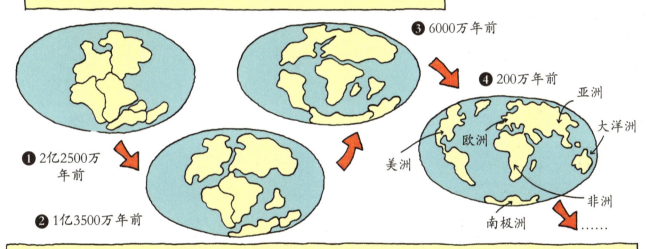

❸ 6000万年前

❹ 200万年前

❶ 2亿2500万年前

❷ 1亿3500万年前

亚洲

大洋洲

欧洲

美洲

非洲

南极洲

……

大约2亿年前：恐龙和会飞的爬行动物陆续登场了！体形庞大的，小个头的，食草的，食肉的……

霸王龙

风神翼龙

美颌龙

恐龙这个词来自希腊语，意思是"恐怖的蜥蜴"！

7

陆地上，天空中……恐龙无处不在！

无齿翼龙

梁龙

披着羽毛的
始祖鸟

剑龙

三角龙

和其他雌性恐龙一样，
慈母龙会精心照顾它的
蛋宝宝。

在海里……

滑齿龙

蛇颈龙

鱼龙

6500万年前：一颗巨大
的陨石撞上了地球！

轰——

？

陨石扬起的尘埃遮天蔽日，阳
光根本透不过来。没有了光和
热，植物们逐渐枯萎了，没有
了植物，植食性恐龙便无法生
存，没有了植食性恐龙，肉食
性恐龙就失去了食物来源。最
终，所有的恐龙都灭绝了。

很久之后，太阳重新照耀大地，植物又生长出来了。在这场浩劫中幸存下来的动物们也开始繁衍生息……

猴子

矮小的马

猫科动物

龟

火蝾螈

蛙科动物

人类马上就要出现了……再耐心等一等！

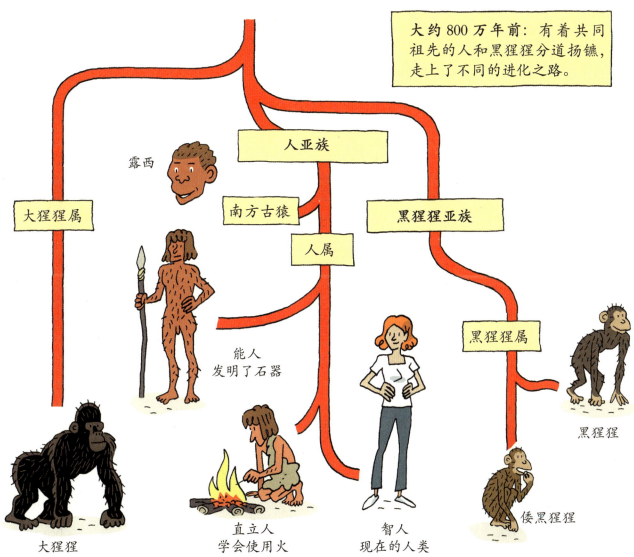

大约800万年前：有着共同祖先的人和黑猩猩分道扬镳，走上了不同的进化之路。

人亚族

露西

大猩猩属

南方古猿

黑猩猩亚族

人属

黑猩猩属

能人
发明了石器

大猩猩

直立人
学会使用火

智人
现在的人类

倭黑猩猩

黑猩猩

前进吧，南方古猿！

400万年前：非洲中部的南方古猿结成小群，共同生活。群居生活令它们更容易抵御危险。

露西是目前已知的最著名的南方古猿，它的骨骼在1974年被发现。当时，在挖掘的过程中，考古学家们一直在听甲壳虫乐队的歌曲《露西在缀满钻石的天空》（Lucy in the Sky with Diamonds），因此为它取名"露西"。

非洲

露西生活的地方是如今的埃塞俄比亚。

它身高约1米，体重大约30千克。

它赤身裸体地生活。

它有着长长的手臂。

它没有固定的住所。

它有时用四肢爬行，有时用双腿走路。

南方古猿和我们有些相似，但是不能被称为"人类"，因为它们还不会制作工具。

露西从来不会远离族群，它们一起收集树枝和石块作为工具。

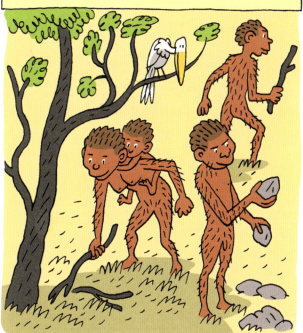

饿的时候，它们会采摘果子和树叶，捡种子或者挖一些根来吃。

脆脆的根

新鲜的种子和果实

鲜美的树叶

每天吃的都是这些！

它们很少吃肉：想要捕猎其他动物真是太难了！

找不到食物的时候，它们就会离开，换个地方继续觅食。

遇到危险时，露西会立刻爬到树上去。

嗷——

最早的人类——能人

200多万年之前：南方古猿退出了历史舞台，取而代之的是它的"表亲"——能人。那么，能人是怎样生活的呢？

由于能人可以利用石头或树枝制造工具，因此，他们被认为是最早的人类。

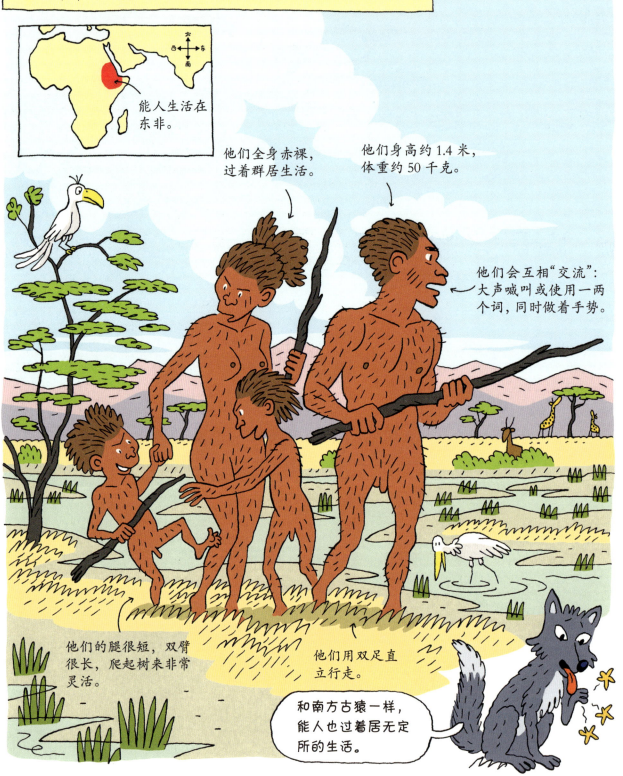

能人生活在东非。

他们全身赤裸，过着群居生活。

他们身高约 1.4 米，体重约 50 千克。

他们会互相"交流"：大声喊叫或使用一两个词，同时做着手势。

他们的腿很短，双臂很长，爬起树来非常灵活。

他们用双足直立行走。

和南方古猿一样，能人也过着居无定所的生活。

能人收集了一些石头。看，他正在打制石器。

锋利的武器

可以剥兽皮的石刀

明天，他们会沿着河边找找食物。

哎呀……

用手或者用
木棍捕鱼

挂满果实的
猴面包树

运气好的时候，他们可以找到一些蛋，一饱口福！

果子、叶子
和根

好吃……

我也喜欢吃蛋！

直立人与火

大约200万年前：直立人出现在非洲。比起曾经生活在这片土地上的能人，直立人更加聪明。虽然仍需要花费大量的时间去寻找食物，但是他们已经会制作更精巧的工具了。

19

一个又一个世纪过去了，直立人越走越远。

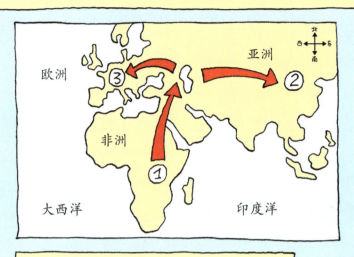

① 直立人最初生活在东非，后来遍布了整个非洲。

② 大约 200 万年以前，直立人来到了亚洲。

③ 80 万年前，直立人来到了欧洲。

这些勇敢的直立人长什么样子呢？

他们身高约 1.5 米，体重 50～55 千克。

和能人相比，直立人的牙齿更小，这使得他们的面部线条更加柔和。

直立人会说话，他们下颌骨的形状能证明！

人们推测，他们可以用词汇来描述一个物体或一个动作。

他们仍然没有定居下来，他们依旧赤裸着身体，过着群居生活。

突然，暴风雨把大家惊醒了！

火！火！

怕……

闪电点燃了大草原上的干草。

那天晚上，他们把木棍末端点燃，把火带回来了。

有用？

是，不要熄灭……

100万年前，直立人发现了火的用途，并学会了怎样使用火。

火既可以取暖，又可以照明，直立人的生活发生了巨大的变化。

啊！！！

小心！

嗷——

火是一件很有力的武器。有火的地方，野兽们都不敢靠近：它们怕被灼热的火焰烧到！

有了火，直立人就可以吃熟的食物了。

在炭火上烧

串在木头上烤

放在兽皮制成的袋子里煮

用烟火熏肉和鱼

在滚烫的石头上烹制

真香啊！

我喜欢吃肉，不论是生的还是熟的！

直立人很快就学会了怎样使用火，但是很长时间以后，他们才慢慢地掌握了生火的方法。

他们有两种生火的方法。

可以用两块石头互相击打。

也可以用两块木头互相摩擦。

柴火

火星

干草

还要吗？

是的！

旧石器时代

在旧石器时代，直立人会收集燧石、大块的石料和圆形的鹅卵石，来制作武器和工具。

石头看起来都差不多，他们得仔细挑选出最硬的那些。

漫长的岁月中，他们学会了通过相互敲击来改变石块的形状。

比如这样：

一块小石头

一块大石头

或者这样：

两只手各拿一块石头

还可以这样：

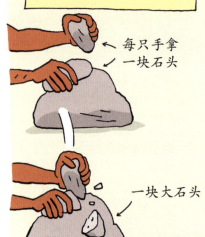

每只手拿一块石头

一块大石头

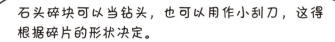

石头碎块可以当钻头，也可以用作小刮刀，这得根据碎片的形状决定。

为了得到锋利而尖锐的石器，他们可能需要返工无数次。

叮叮！ 当当！ 叮叮！ 叮叮！ 当当！

叮叮！ 叮叮！ 当当！

当当！

真吵啊！

打造石器是件费时又费力的工作，但是经过不懈努力，直立人造出了许多精巧的武器和工具。

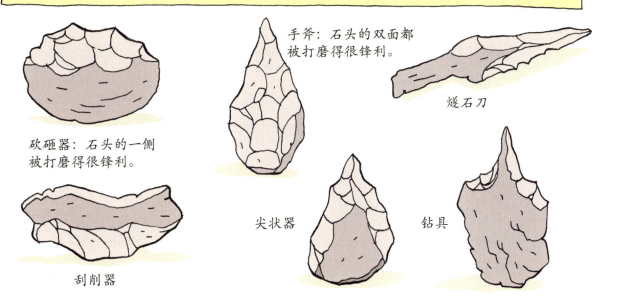

砍砸器：石头的一侧被打磨得很锋利。

手斧：石头的双面都被打磨得很锋利。

燧石刀

刮削器

尖状器

钻具

尼安德特人

大约200万年前：一部分直立人离开了非洲，他们在迁徙途中发现了新环境，见到了不同的植物和动物。一些人在亚洲和欧洲定居下来，其他人则继续前行。在漫长的进化中，尼安德特人和智人出现了！

大约9万年前，尼安德特人与智人在欧洲大陆上，第一次相遇了！

他们长着窄窄的额头和大大的
鼻子，下巴短小而下颌骨宽大，
牙齿几乎和我们的一样。

他们身高大约 1.6 米，
体重约 70 千克。

他们身材壮实，
肌肉发达。

他们可以用简单的
词汇进行交流。

尼安德特人非常
擅长狩猎。

他们已经开始
用兽皮遮体了。

那个时候，欧洲的气候非常寒冷。尼安德特人会用火来取暖，用兽皮保暖。

到了冬天，他们会在避风的地方搭建窝棚。

尼安德特人很喜欢吃肉。为了美味，他们会去很远的地方打猎。

傍晚时分，猎手们带回来的除了一头小野牛，还有一位死去的同伴……

第二天，他们在地上挖了一个坑，然后把死去的同伴安放在里面。
接着，他们用土把尸体埋起来，以防被野兽吃掉。

这个送给你。

真难过……

人类历史上，尼安德特人最先有了埋葬死者的习俗！

长枪

鲜花

3 颗牙齿做成的项链

鹿角

至于他们会不会祈祷，是不是相信来生，我们就无从得知了。

曾经在很长一段时间里，尼安德特人和智人在同一片土地上生活。
但是，在大约 3 万年前，尼安德特人突然全部消失了。

到底是什么原因呢？
至今还是个谜。

欧洲的智人——克罗马农人

16万年前：非洲大陆上出现了最早的智人。他们和直立人不仅长相很相似，而且也进行了长距离的迁徙。他们穿过了海洋，历经酷暑与严冬，适应森林和沙漠气候，有些人捕猎猛犸象，有些人甚至吃鳄鱼！

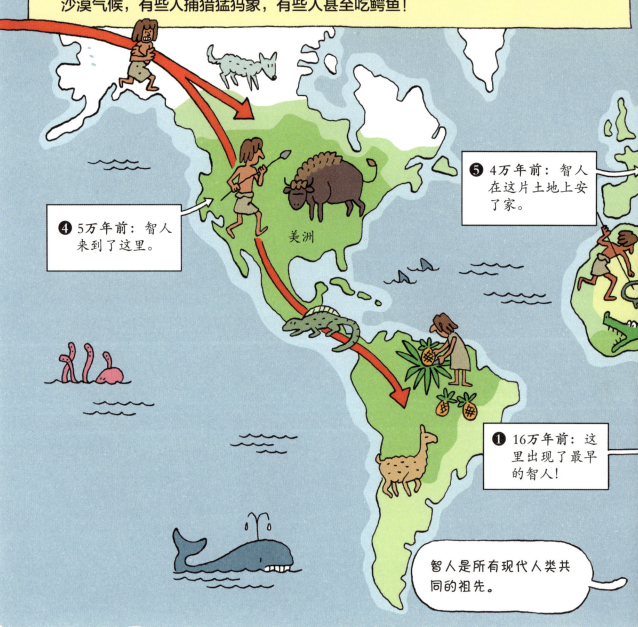

❹ 5万年前：智人来到了这里。

美洲

❺ 4万年前：智人在这片土地上安了家。

❶ 16万年前：这里出现了最早的智人！

智人是所有现代人类共同的祖先。

4万年前，智人来到了欧洲，我们把这时期生活在欧洲的智人称为"克罗马农人"。他们是以大型猎物为目标的游牧猎人。

他们的身高可以超过1.7米。

他们的脸部较平，鼻子又长又窄。

他们会说话，可以使用一些短句。

他们已经穿衣服了。

智人过着群居生活，结成小的部落或是一个大家庭。那时候，还没有"父母双亲"这种家庭关系。

这些智人不但会装饰他们的岩洞，还会制作精巧的物件。这些是目前已知最早的艺术品。

清晨，克罗马农人很早就起床去捕鱼了。收获的鱼会被晒干，这样可以储存很长时间。

哎哟……水太凉了！

嘘，别出声，会把鱼吓跑。

鱼叉

晒鱼架

钓鱼钩

渔网

他们开始尝试圈养动物。这比打猎要轻松一些，但是也并不简单：栅栏永远都不够牢固……

糟糕……牲畜又逃脱了！

捕获的动物幼崽

他们会用兽皮制作暖和的衣服。

像这样吗？

还要继续刮。

新发明的缝制工具——带有针眼的针

动物的筋做成的线

哎呀！

用来钻孔的工具

狩 猎

春天的清晨，天刚蒙蒙亮，克罗马农人的狩猎就开始了。他们很熟悉动物的习性，知道这个季节驯鹿会从这里经过。猎人们已经埋伏好了，正静静地等待猎物的到来。

来了！藏在树林里的猎人突然大声叫喊，惊慌失措的鹿群顿时掉转方向，逃向负责猎杀的猎人那边！

呦！呦！

长枪

负责猎杀的猎人

使用投枪器，可以大大增加长枪的威力，射程可以达到20米远。

负责驱赶猎物的猎人们

猛犸象太凶猛了，克罗马农人很少主动攻击这种危险的动物。他们更喜欢利用陷阱来捕获猛犸象。

一头猛犸象的身高可以达到3米，体重达到5吨。

燧石刀

石制的匕首

他们将受伤或者死亡的猎物就地处理，切成块后带回居住地。

真好吃呀！

在克罗马农人的眼里，猛犸象、驯鹿和野牛的全身都是宝贝，哪儿都不能扔！

兽皮和皮毛可以做成衣服和被子……

野兽的胃可以做成防水的袋子。

油脂可以涂抹在皮肤上，用来抵御严寒和蚊虫叮咬。

尾巴的毛可以制成刷子。

筋可以做成缝衣服的线和绳子。

獠牙等牙齿和骨头可以被打制成工具、武器、首饰或小雕塑。

角和蹄可以熬制成胶水。

至于肉，可以让整个部落几个月都不会饿肚子！

居住在不同地方的克罗马农人，搭建的窝棚也不相同。

盖着树叶的窝棚

裹着兽皮的窝棚

窝棚由女人们负责建造。

猛犸象的獠牙或者骨头

捕获了猛犸象，大家都在准备庆功宴。这真是个让人愉悦的傍晚！

真香……锅里在煮什么呢？

快走开！

石斧：锋利的燧石刀片，绑在木头手柄上。

整整一晚，大家都在尽情享用美味，开心地唱歌跳舞，谈天说地。

吃饱喝足，大家都进入了梦乡……

小孩子听到动静，发出了警报。

用骨头制成的哨子

所有人都起来抓小偷了……
小偷两手空空，落荒而逃。

危机解除！剩下的就是要修理营地和治疗伤员了。

很久之后，他们回来了，在大岩洞附近找到了自己的部落。

他们利用凹凸不平的石块进行雕塑。

他们把黏土粘在洞穴的内壁上，然后塑造出野牛的形状。

他们甚至还会把投枪器装饰一番。

冬天到了，天黑得很早。晚上，克罗马农人正在制作首饰。

动物牙齿串成的项圈

可爱的大狗，你想要吗？

不用了，谢谢！

骨头项链

贝壳项链

石珠手链

克罗马农人雕塑的小人俑，通常都是女性的形象。

像这样？

不对，重新做！

今天，这些小人俑和古罗马神话里的爱神一样，也被人们称为"维纳斯"。

这些小人俑都矮矮的，胖胖的，几乎没有面部细节。

人俑的材料可以是石头、骨头或象牙。

用小骨头玩游戏。

下雪了。克罗马农人要在岩洞内壁上作画了。他们会画上哪些动物呢？

他们安静地探索着岩洞。这里又黑又冷。

调制颜料：将黏土碾成粉末，再加入水、奶或唾液等混合。

把动物的毛绑在木棍的一端制成笔刷。

不同颜色的黏土可以做出彩色颜料。

黑色颜料由木炭制成。

聪明的克罗马农人在大自然中找到了创造壁画所需要的各种材料！

创作开始啦！

每个人都有自己的技巧。

噗！噗！

真漂亮！

可以用空心的骨头将颜料喷到岩壁上。

也可以用手直接将颜料涂抹在岩壁上。

日子一天天过去了，大岩洞里越来越漂亮了，人们的疲惫却时常来袭。

克罗马农人为什么要在大岩洞内作画呢？

精美绝伦的洞穴壁画

人们在欧洲发现了200多处洞穴壁画。

法国

拉斯科洞窟壁画：距今约 1.7 万年，在 1940 年被发现。

肖维岩洞壁画：距今约 3.5 万年，在 1994 年被发现。

肖维岩洞壁画中有500多幅关于动物的绘画和雕塑作品。

犀牛长长的角非常危险。

一件非常罕见的雕塑：能看到猫头鹰的正面！

飞奔的母狮

用红色赭石绘制的熊和豹子

马群

拉斯科洞窟壁画中的动物们生动逼真，活灵活现！不过，这里依然没有任何有关风景的壁画。

被长矛射中的野牛

犀牛

躺在地上的鸟头人

母牛

拉斯科洞窟平面图

入口

竖井——狭长的通道

17米长的公牛大厅

熊

猫科动物画室

通道

鹿群

这种有长角的动物曾被认为是"独角兽"。

猫科动物被雕刻在岩壁上，但没有涂色。

公牛群

马群

鹿群

智人的革命

9000年前，地球气候发生了变化：冬天不再那么寒冷，而夏天愈加炎热。智人找到了一种新的生活方式：他们仍然擅长捕猎和采集，但同时，他们也成了优秀的农民和手工业者，并由此定居下来，居住的地方逐渐形成了村庄。人类进入了一个崭新的时代，新石器时代开始啦！

现在，智人的语言能力已经大大提高。他们给自己起名字了吗？也许吧。

马埃

博塔

阿拉纳 →

用磨制的石块
做成的石斧

艾诺 →

人们不再打制石器，而是开始使用磨制石器。旧石器时代的篇章结束了，新时期已经拉开了序幕。这种新的生活方式从中东传到了欧洲。

他们还成功地饲养了动物和它们的幼崽。

养殖牲畜比狩猎更简单，也更安全。

简单？不一定吧！这只母鸡跑得太快了！

汪！

饲养牲畜的好处很多，但也带来了新的工作：要给它们喂食，还要给牛、羊挤奶……

别动，亲爱的。

阿拉纳，这些是用来生火的木柴！

哞！

牢固的栅栏

另外，每年还要为绵羊修剪一次羊毛。

这些羊毛可以纺成线。

哎哟！

毛线可以织成保暖的布料。

村庄里，到处都是繁忙的景象。几乎每个人都会去田间劳动，到了晚上，妇女们会用亚麻和羊毛纺线、织布。

羊毛已经在河里洗过了，亚麻也准备好了！

亚麻秆做成的麻绳非常坚固。

马埃，别发呆了！

好的。

织布机

这些织布人的手艺真棒！

还有的村民会制造筐和篮子，他们是篾（miè）匠。

这些筐正好可以用来盛谷粒。

这是给你的鱼篓，博塔！

谢谢！

鱼篓

把芦苇在水里泡软就可以编织了。

把长长的干草卷起来，再用线固定好。

另一边，一些人在雕刻和磨制石器。

你们的工具真不错！

的确如此，看这把匕首多么锋利！

打磨过的石斧

磨制石器用的石板

骨头和象牙制成的珠子

木制的勺子和梳子

平日里，博塔会去捕鱼或者种田，但是他的梦想是成为一名陶匠。

帮我关上烤炉！

这些罐子烤过头就变黑了，真可惜！

把黏土搓成长条，然后盘起来。

打磨光滑。

在太阳下晒干。

在烤炉上烤制。

几百年过去了，村庄里发生了巨大的变化。

许多智人已经在这里安了家，定居在这里。

卡德，村子里的首领

阿尔蒂，卡德的妻子

居斯，他们的儿子

奥娜，他们的女儿

这只小猫咪真可爱！

我们来照顾它吧，怎么样？

奥娜和居斯非常崇拜铁匠。

看，他可以打造好多种金属，比如铜、青铜、铁和金。

用冷锻的方法打造铜器。

砰！

打造短剑的模具

有些金属来自很远的地方。

打造金属的技术首先出现在中东，随后才传入欧洲。

风箱

我的儿子，这把短剑的手柄就由你来装饰吧！

好的！

青铜在烈焰中熔化。

将熔化成的铜水注入模具。

冷却后脱模。

一把崭新的短剑就造好了！

现在，农民们住在大村庄里，距离他们的田地和牲畜很近。他们修建了许多长达 8 米的大房子，每间房子里都住着许多人。

栅栏

木头

抹墙用的泥是由泥土、切碎的麦秆和水混合而成。

用来储存食物的地方

用大树干凿成的船

慢慢地，村民之间开始了商品交换：最早的商业贸易诞生了。

村民们的分工越来越明确，形成了不同的职业。

牧羊人

手工业者

农民

立 石

在采石场，男人们正在切割巨石。

叮叮！当当！

① 将木块敲入大石头中。

再用力一些！

③ 膨胀后的木块会令石头开裂、脱落。

② 在木块上倒水，使它们吸水膨胀。

④ 修整成立石的形状。

立石制作好之后，还要把它竖起来。

把树干垫在立石下面，可以作为轮子滚动。

绑上绳索，向前拉。

立石越大，所需要的人力就越多：拉、滚、推……

挖一个深坑，同时在坑边堆成一个土坡。

快点儿，他们过来了！

马上就好了。

把立石用绳索拉到土坡上。

让立石滑入深坑。

呼！最困难的部分已经完成了，而且所有人毫发无伤！

哦！太棒了！

一块15米高的立石

立石都是单独竖立在坑里的。众多的立石可以被排列成一行或是一圈的石阵。

是为了观察日月星辰吗？

还是为了彰显首领的威严？

或是为了取悦神明？

这个问题到现在都没有答案！

位于法国的卡纳克巨石林，竖立着3000多块立石。

位于英国的巨石阵，立石上面还横放着巨石，就像是一扇巨大的门。

石棚完工了。当这位智者逝世后，整个村庄的人都来为他送行。葬礼过后，人们会用土和石头将石棚掩埋起来。

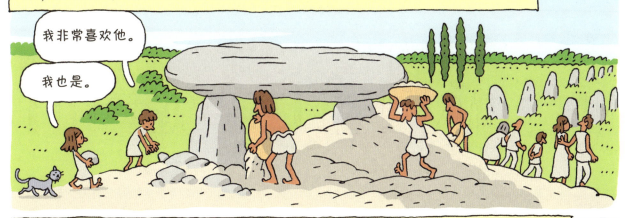

晚上，每个人都在悼念他。可生活还要继续，大家又开始展望起未来。

卢米的历史小课堂

大约6500万年前
巨大的陨石
一颗巨大的陨石撞击了地球，导致所有的恐龙和许多其他动物的灭亡。幸运的是，还有一些动物幸存下来，比如鱼类、鳄鱼、乌龟和小型哺乳动物。

大约100万年前
掌握了火的用法
直立人发现了生火的方法！他们的生活发生了巨大的变化：可以用火烹制食物，取暖，照明以及更好地保护自己。

大约1.8万年前
从狼到狗
智人驯服小狼了吗？也许吧……不过，1000多年以后，那些被驯服的狼狗们已经成了优秀的猎犬和护卫犬！

大约8500年前
耶利哥的城墙
最早的一批城市出现了，位于死海附近的著名古城耶利哥就是其中之一。古城中有一座高塔，有很多圆形的房屋，古城周围环绕着5米高的城墙和宽阔的护城河。

小测验

1. 大爆炸发生在什么时候？
ⓐ 大约137亿年前
ⓑ 大约400亿年前
ⓒ 大约660亿年前

2. 在希腊语中，"恐龙"的原意是什么？
ⓐ 长着恐怖大牙的动物
ⓑ 体形巨大的蜥蜴
ⓒ 恐怖的蜥蜴

3. 为什么南方古猿没有被视为人类？
ⓐ 因为它们不会说话。
ⓑ 因为它们不会制造工具。
ⓒ 因为它们整天爬树。

4. 直立人的重大发现是什么？
ⓐ 火
ⓑ 农业
ⓒ 磨制石器

5. 克罗马农人是谁？
ⓐ 生活在亚洲的智人。
ⓑ 生活在欧洲的智人。
ⓒ 生活在非洲的智人。

6. 猎人们用什么工具可以把长枪扔得更远？
ⓐ 橡皮筋
ⓑ 弓箭
ⓒ 投枪器

大约5万年前

长途远行

由于气候异常寒冷，同时海平面变得非常低，有些海底的陆地显露了出来，于是，智人不知不觉地从一个大陆走到了另一个大陆。他们向北一直踏冰而行，到达了美洲；向南则乘着木筏来到了大洋洲的岛屿上。

大约4万年前

克罗马农人，一个有趣的名字

克罗马农人是在欧洲定居的智人。1868年，人们在法国多尔多涅省发现了他们的遗骨。他们生活在马农家族领地上的一个大岩洞里。在法语中，克罗是大洞的意思，克罗马农的意思就是"马农家的大洞"！

大约4500年前

金属物品

智人发现了两种可以加工的金属：铜和金。通过熔化和反复捶打，他们制造出了武器、工具和首饰。很久之后，他们又学会了锻造更为坚固的金属——青铜和铁。

大约4400年前

神秘的巨石

新石器时代，智人摆放了许多指向天空的立石。例如英国著名的巨石阵！

---

7. 史前人类的岩洞壁画中，没有哪种动物？

ⓐ 犀牛
ⓑ 霸王龙
ⓒ 猛犸象

8. 人们用哪位女神的名字来昵称史前人类雕塑的小人偶？

ⓐ 古罗马神话里的爱神——"维纳斯"。
ⓑ 古埃及神话里的天空神——"努特"。
ⓒ 古希腊神话中的狩猎女神——"阿耳忒弥斯"。

9. 法国的卡纳克巨石林大约有多少块立石？

ⓐ 1000块
ⓑ 2000块
ⓒ 3000块

10. "石棚"是什么？

ⓐ 像桌子一样的石头
ⓑ 长长的石头
ⓒ 立起来的石头

以物换物

现代网络发达，我们可以网上购物，即使不出门也能买到自己想要的物品。但在史前时代，甚至连货币都还没出现的时候，人们想得到自己想要的东西，就需要和别人交换。

慢慢地，村民之间开始了商品交换：最早的商业贸易诞生了。

你想要这枚骨针吗，阿尔蒂？

用10团毛线来换怎么样？

成交！

那个时候，货币还没有出现，人们采取的是"以物易物"的形式：用一件自己的物品去和别人交换，来获得另一件物品。

例如1头牛可以换4头猪，2头猪可以换3只羊。那么，如果你有1头牛，你就可以换到6只羊。

图例：

🐄：牛

🐖：猪

🐐：羊

图例：

：罐子   ：鱼   ：剑   ：瓶子

：布料   ：骨头项链   ：一筐水果

假如你生活在史前时代，你的村子里也有这样的规则：

1个罐子可以换4条鱼，

1把剑可以换5个瓶子，

1个瓶子可以换3条鱼，

1条鱼可以换2条骨头项链，

1块布料可以换2个瓶子，

2条鱼可以换半筐水果。

现在你有5条鱼、1筐水果，那么你可以换到什么？

你能换到一把剑吗？

历史真有趣（全四册）

探秘古埃及

[法]维维亚娜·柯尼希 / 著

[法]马利翁·杜克洛 [法]热罗姆·阿尔瓦雷 / 绘

姜莹莹 / 译

上海文化出版社

目　录

我是你的向导
米泰！

欢迎来到古埃及！

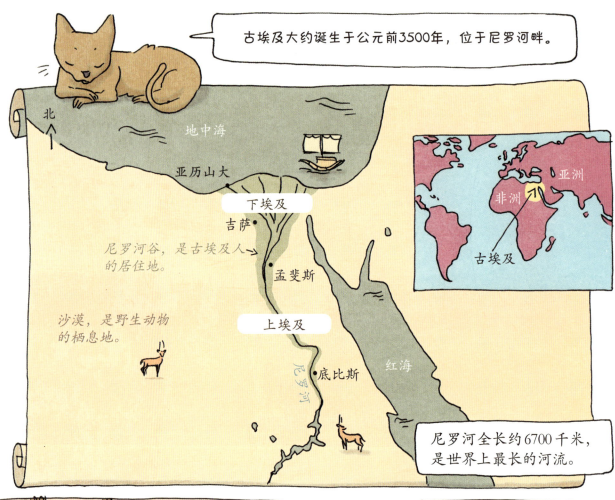

古埃及大约诞生于公元前3500年，位于尼罗河畔。

北

地中海

亚历山大

下埃及

吉萨

尼罗河谷，是古埃及人的居住地。

孟斐斯

上埃及

沙漠，是野生动物的栖息地。

尼罗河

底比斯

红海

亚洲

非洲

古埃及

尼罗河全长约6700千米，是世界上最长的河流。

尼罗河谷的土地肥沃，人们只要辛勤耕作，就会有满满的收获。

而到了夏天，尼罗河河水泛滥，沿岸的农田会被淹没长达三个月！

古埃及是由法老统治的王国。

公元前3000年至公元前2140年：古王国时期。法老们建造了许多金字塔，其中，胡夫修建了最大的一座。

公元前2140年至公元前2022年：动乱和冲突频发！

公元前2022年至公元前1650年：中王国时期。著名的法老辛努塞尔特三世是一位骁勇善战的国王。

公元前1650年至公元前1539年：来自亚洲的入侵者们把一切都打乱了。不过，他们也带来了马匹和战车。

公元前1539年至公元前1080年：新王国时期。这个时期著名的法老有雅赫摩斯一世、图坦卡蒙和拉美西斯。

公元前1080年至公元前330年：入侵者再次踏上了这片土地，同时，这个时期也出现了最早的外国法老。

亚历山大灯塔→

公元前330年至公元前30年：亚历山大大帝征服了古埃及，希腊人成了法老。克利奥帕特拉七世是最后一位法老。

主要的神灵

库努牡
造物之神

他也是尼罗河源头之神。

芭斯特
猫神
她掌管着欢乐与音乐。

阿蒙
底比斯城之神
他名字的含义是"隐藏者"。

贝斯
儿童与睡眠的守护神
他身材矮小。

阿努比斯
木乃伊之神和亡灵的守护者

哈匹
尼罗河神

年幼的荷鲁斯
在法老的统治开始之前，他是人间的最后一位神王。

哈索尔
爱神与美神

她是太阳神拉的女儿。

托特
智慧与魔法之神
他发明了古埃及的象形文字。

普塔
创造之神
工匠的守护神

他掌握着许多神奇的咒语并且发明了许多技术。

索贝克
鳄鱼神
令植物萌发的生育之神

胡夫金字塔
（高约 147 米）

雅赫摩斯一世，伟大的法老！

让我们穿越时空，来到公元前1540年的吉萨，矗立在前方的正是埃及最著名的三座金字塔。这是法老胡夫、卡夫拉和孟卡拉的陵墓。新一任法老雅赫摩斯一世正驾着战车，朝这边驶来……

第二天，天刚蒙蒙亮，雅赫摩斯一世就起床了。他会光着头出来，然后根据当天的日程安排选择发饰：有时候戴假发，有时候则会选择一顶王冠。

白色王冠代表上埃及。

红色王冠代表下埃及。

双王冠代表上下埃及的统一。

蓝色的王冠在节日佩戴。

头巾，一块盖住头部的薄布。

这天早晨，雅赫摩斯一世正坐在宝座上，听大臣汇报国家大事。

弯钩权杖

我们走遍了全国各地。

北方的粮食丰收了。

听到的、看到的，全都要记录下来，这就是我们的工作！

连枷

维齐尔，相当于宰相，协助法老处理事务。

书吏

王位

工匠和艺术家们用石头、木材和泥土制造出精美的手工艺品。

这是陶匠……

雕刻师……

还有画师。

渔民们正在尼罗河上捕鱼。

牧民们正在放羊。

农民们正在农田中耕作。

13

结束了朝政会议，雅赫摩斯一世正在花园里享用午餐。突然，一阵急匆匆的脚步声打破了平静……

雅赫摩斯一世立刻开始视察他的军队。首先要检查一下战车。

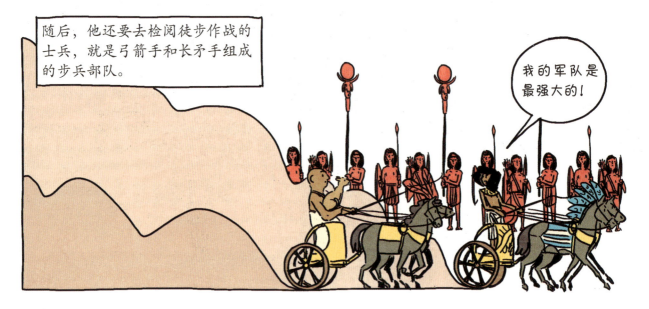

随后，他还要去检阅徒步作战的士兵，就是弓箭手和长矛手组成的步兵部队。

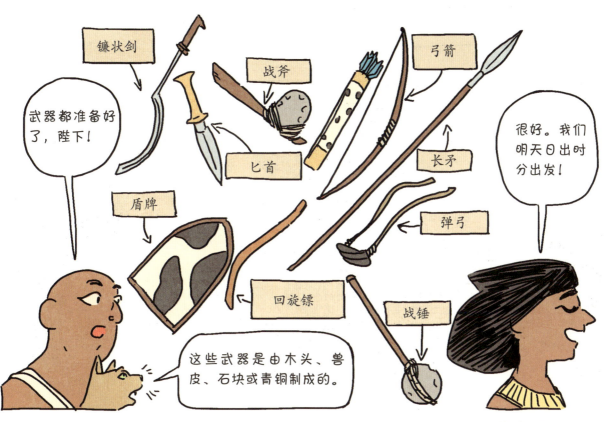

第二天清晨，法老在大臣的陪同下，带领着军队浩浩荡荡地出发了。他要让国家重归安宁。

雅赫摩斯一世面临着一场硬仗！对手会乖乖投降吗？

除了伤员，还要统计死者。士兵们会砍下敌人的一只手，以计算杀敌的数量。

战斗胜利结束，雅赫摩斯一世立即班师回朝。

凯旋的法老先要感谢神灵的保佑。之后，他会用一坛小麦，红酒或者啤酒来犒劳将士们。最英勇的士兵还会被授予黄金项圈勋章。

20

教师书吏负责教育王室成员和书吏们的孩子。这些孩子从5岁就开始上学，他们有时在庭院里上课，有时在神庙里上课。

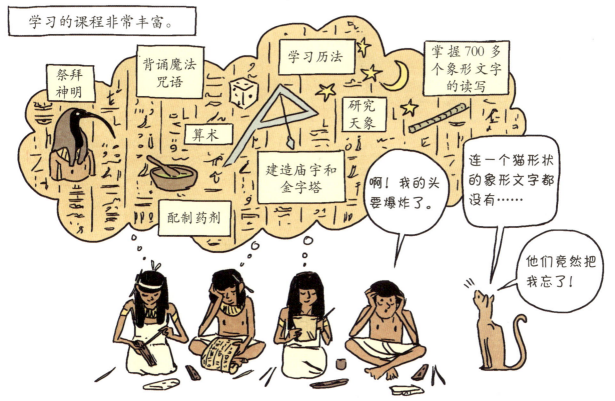

埃及象形文字是世界上最古老的文字之一。大约公元前 3200 年，古埃及人发明了象形文字，那时候，只有书吏懂得阅读和书写。

白色石板

书写用的工具都准备好了，要开始写了！

莎 (suō) 草纸

碎陶片

背诵和抄写之后，就是最难的听写了……

别忘了：词与词之间不要留空格！

很好……写得非常漂亮，拉摩斯！

圣书体

僧侣体

象形文字的正式书写体——圣书体写起来非常慢。书吏们为了能够快速记录，简化了这些文字，创造了僧侣体。

书写的时候，用黑色的墨水从上至下写，也可以从右向左或从左向右写。标点和表示危险的符号要用红色的墨水。

我能看看吗？

法老的家庭

平日里，法老政务繁忙，但工作之余，他的生活非常奢华，从不缺享乐。他很喜欢和儿子一起在沙漠中狩猎。

随后，法老又瞄准了一只正在飞的鸭子，他掏出了木质的回旋镖……

嗖！

父亲，小心！

哎呀！

啊，鳄鱼神索贝克，快把你的神兽从我们身边带走吧！

法老用鱼叉杀死了鳄鱼。

我的儿子，你必须足够强壮。

你要认真地练习搏斗。

遵命，父亲。

27

每天放学后，拉摩斯王子都会和老师一同训练。

去吧，要跑得比羚羊更快！

接下来是搏斗课。

总有一天，我会和老师一样厉害的！

嘿！

哎呀！

徒手搏斗

用木棍或者武器搏斗

弹弓

战斧

回旋镖

匕首

长矛

剑

标枪

我可不需要其他武器来保护自己！

然后，他们移步射击场。

哇，靶子真是太远了！

上了战场，我要怎么做呢？

让敌人尝尝枪林弹雨的滋味！向前冲，用力厮杀，直至胜利！

王子回到大殿的时候，大家正在玩呢！

塞尼特游戏：棋盘上有 30 个方格，双方各有 5 个棋子。

拉摩斯，要不要和我玩一局呀？

好的！如果你赢了，我就给你讲个故事。

木头雕刻的鳄鱼

玩偶

骰子

陀螺

接下来就是音乐课了！梅里塔蒙很喜欢铃鼓，拉摩斯则更爱用响板。

叉铃（一种类似摇铃的乐器）

铃鼓

鼓

响板

小号（士兵们常会使用这种乐器）

?

法老和他的家人们需要消遣的时候，可以随时让乐师们前来演奏。

竖琴

鲁特琴

里拉琴

长笛

这天，法老要举行盛大的宴会。院子里摆满了一坛坛的红酒和啤酒，还有各种水果和蔬菜。

快点儿，放到那边！

厨房里，大家都在忙碌地准备着。

燎毛

到外面去，米泰！

削皮

切菜

清洗

过节啦，哈哈！

我准备在这些面包里塞一些葡萄干。

塞些椰枣怎么样？

小麦可以用来烤面包，或者加入蜂蜜做成甜甜的蛋糕。大麦则用来酿造啤酒。

好吃！

王后和国王会盛装出席。古埃及人很喜欢打扮自己。

我的香水呢？

马上就来！

为了保护眼睛免受疾病的困扰，男人们也会像女人那样画上眼妆。

这是您的绿松石金项圈！您要戴王冠吗？

不需要。

求求您别再动了！

木梳子

眼影

项圈

涂抹在身体、面部和头发上的乳液和油

夜幕低垂，国王和王后来到了大殿礼堂。

维齐尔会在吗？

是的，亲爱的王后，他今天早晨从南方回来了。

法老经常组织宴会，有歌者、舞者，有乐师，还有杂技演员，热闹极了！

锥形香薰油，熔化后会渗入头发里。

给我一些葡萄和无花果！

你想吃什么，米泰？

王后，我真是饿坏了，忙了一整天，我还什么都没吃……

红酒坛和啤酒坛

尼罗河畔的农民巴吉

在远离皇宫的尼罗河畔，农民们顺应着河水的涨落而辛勤耕作。古埃及人根据河水的不同状态，将一年分为3个季节。6、7月间，河水的上涨标志着一年的开端。土地全部被洪水淹没时，泛滥季就来了。4个月后，河水回落，土地又露了出来，耕种季开始了。农民巴吉要在这个季节耕地，播种，浇灌新苗。他的妻子泰和女儿萨特也都来帮忙了。又过了4个月，收割季到了，大家又要忙着收割粮食了！

木制的犁

35

现在，轮到驴来干活了：它们在谷堆上踩来踩去，使小麦很容易脱壳。

再快一点儿！

哇，差不多快弄完啦！

另一边，书吏正在统计收成。

84桶……

85桶……

86桶……

我最喜欢在麦堆里打滚儿啦！

收割完成之后，巴吉也得像其他农民那样用粮食缴纳赋税。

这是要向法老上缴的赋税，缴不齐，就得受罚！

还差5桶粮食！

求求您了！

耕地是属于法老的，因此，收获的粮食大部分都上缴了。
幸好，巴吉还有一个属于自己的菜园。

第二天，巴吉、泰和萨特一起去摘水果。

接下来，开始摘椰枣。

最后，他们又来到了葡萄园。

嗝，真甜呀！

萨特，你要是把葡萄全都吃了，我们拿什么酿酒呀？

把葡萄汁变成酒可是一门艺术！

嘘！他们可不会把酿酒的秘方随便外传！

哇，已经装满5坛了！

一天的劳作远没有结束，还要去喂家禽呢！

快吃吧！

到这边来……

米泰，我看到你了！

鹅

天鹅

鹈鹕 (tí hú)

鹤

鸭子

鸽子

39

几个月之后，就在下个泛滥季到来之前，他们要把牲畜带回来，交给书吏长。

41

有时，巴吉和伊纳罗斯还会去沼泽地砍纸莎草。

纸莎草可以长到 6 米高。

真沉啊！

纸莎草的用途有很多，可以用来做绳索、草席、篮子，甚至可以用来制成小船！

人们还会用纸莎草的茎制成书写的纸张——莎草纸。

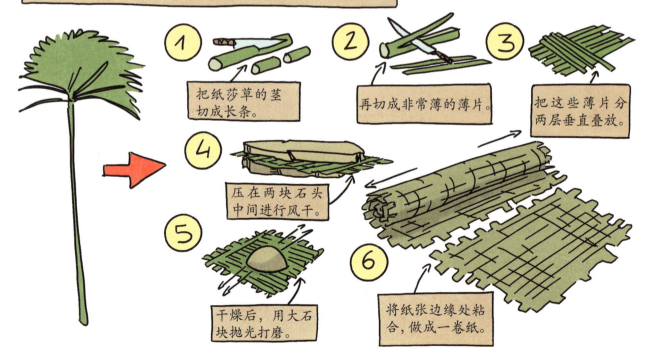

1 把纸莎草的茎切成长条。

2 再切成非常薄的薄片。

3 把这些薄片分两层垂直叠放。

4 压在两块石头中间进行风干。

5 干燥后，用大石块抛光打磨。

6 将纸张边缘处粘合，做成一卷纸。

泰正在织布。线是用亚麻秆的纤维制成的。

用这块布做什么好呢？给萨特做一条裙子，还是给巴吉做缠腰布呢？

萨特，我要去陶匠那里，你想不想一起来呢？

想！

嘻嘻！

不止萨特，村子里的所有人都喜欢陶匠。

手艺真棒！用一点儿黏土，他就能做出一个新罐子！

这些罐子要在太阳下晒干吗？

是的，明天我还要把它们放到烤炉里烧制一下。

有时，陶匠还会用漂亮的图案装饰这些罐子。

你从哪里找到的灵感呢？

我会观察一朵花，或是水里的一个漩涡……

伊纳罗斯要建造一座新房子，巴吉和萨特来帮忙。

我用水把土和切碎的稻草混合起来，已经做了100多块砖了。

啊，大泥堆！

我可以都放进木头模子里面吗？

可以，记得要夯实一些！

萨特把脱模后的砖坯放在太阳下晾晒。

做得真棒，萨特！明天，我就可以用这些砖继续砌墙了。

为什么不用石块砌墙呢？那样不是更坚固吗？

石块太贵了，也太重了。只有建造陵墓和神庙的时候才会用石料。

就连国王的宫殿也是用砖建造的。

然后，巴吉、泰和萨特去了帕迪叔叔工作的木匠作坊。

斧子

凿子

锯

你好，帕迪叔叔！

你们好！小心，这些木头非常珍贵，都是法老从北方的国家运来的！

抛光石

帕迪叔叔带萨特参观了雕塑师的工作间。

哇哦！他们是怎么做到的？

他们用一块比雕像更硬的石头来打磨形状！

狮身人面像的胡子可真好笑，我还是更喜欢我这长长的胡须！

萨特又来到了画师的工作间。在这里，不论是底座还是狮身人面像，所有的东西都会被涂上颜色，因为神和法老都喜欢这些色彩。

用棕榈树的纤维做成的刷子

你知道吗？我们用红色的赭石给男性的皮肤涂色，用黄色的赭石来涂女性的皮肤。

是吗？真奇怪，男女的皮肤本来都是一样的颜色呀！

细芦苇秆

颜料

水杯

众神

在雅赫摩斯一世的时代，古埃及人相信人死后可以复生。他们信奉许多神灵。关于这些神灵的神话，构成了一个奇妙的世界。在古埃及人的眼中，掌管天空的神是努特，掌管大地的神是盖博，把他们分隔开的则是掌管空气的神——舒。

天空

天空女神——努特：白天，她承载着太阳神拉乘坐的船，夜晚来临，她又会点亮满天的星光。

空气

空气之神——舒：为了不让天与地靠得太近，他用双手高高地撑起了天空。

母狮神——塞赫麦特

猫神——芭斯特

太阳神——拉：每个白天他都会乘着船划过天空，照亮人间。而到了夜晚，他会巡游地府，为死者带去光明。

风暴与沙漠之神——塞特：保护太阳神拉，帮助他对抗巨蛇阿佩普。

阿佩普想要破坏这个神创造的世界，因此，它每天早上都会攻击太阳神拉。

大地之神——盖博：深深爱着努特，渴望能与她相聚。

大地

19

对于古埃及人来说，神明们都是永生的，拥有着美貌和神力。

王冠

托特
智慧与魔法之神

周身散发着
芬芳的香气

玛亚特
真理和正义的
女神

身材高大

长着人头或
是动物头

青金石头发

首饰

金质的肉

权杖

我喜欢所有的神，但是作为一只猫，我最爱的当然是猫神芭斯特啦！

银质的骨头

塞特
奥西里斯和伊西斯的兄弟

相传，神灵们会相亲相爱，组建家庭。但有时候，神灵之间也会互相憎恶。

伊西斯
奥西里斯的妻子

奥西里斯

年幼的荷鲁斯
奥西里斯和伊西斯的儿子

母狮神塞赫麦特的箭会带来病痛与死亡。

它既可以保护人类，也能惩罚人类。

神灵们喜欢被供奉。祭司们会向他们祈祷，为他们准备供品、衣物和香薰。

而且每天都要重复三次呢！

神像

摆放神像的神庙内殿

香炉

供桌

供品

哦，底比斯的守护神阿蒙神，请醒来吧！

节日的时候，人们都停止工作。祭司们会把神像抬出来，放在一艘圣船上游行。

敬拜众神也是法老的一项工作。

看，法老在那里！

神像

金子打造的圣船

神庙是神居住的地方，非常神圣，只有祭司和法老才可以进入。每一天，祭司们都要沐浴、剃须，以最干净的状态来侍奉神明。

大柱厅

法老的石像

塔门

带有柱廊的内院

狮身人面像大道

两座高塔

砖墙

花园

我负责移除贵族奈费尔的大脑。

我会打开他的腹部，掏空内脏。

在生命之屋，祭司们正在制作木乃伊。

← 祭司 →

奈费尔，你将进入冥王奥西里斯掌管的冥界……

被制作成木乃伊之后，一具尸体可以长久保存。

← 4个卡诺匹斯罐

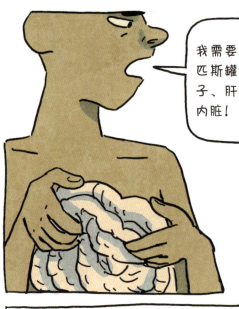

我需要一个卡诺匹斯罐，保存肠子、肝脏和其他内脏！

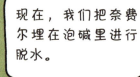

现在，我们把奈费尔埋在泡碱里进行脱水。

70天过去了，尸体已经变得非常干燥，祭司们要用布条将它缠起来。

我可干不了！

我来包裹手指，你负责手臂！

我们会令奈费尔永生！

木乃伊已经制作完成了。祭司们在布条里塞了许多珠宝和护身符。

听说带上护身符就可以受到庇护。

我死后肯定不会被做成木乃伊。

是的，这对我们来说实在太昂贵了！

木乃伊会被祭司们安放在石棺中，以得到永久的保护。

奈费尔，你将会得到永生……

只有法老的木乃伊才会使用3层或4层的嵌套石棺。

现在要下葬了！

祭司们在不停地祷告。

悲伤的时刻到了：该与逝者诀别了。

很快，抬棺者们就将用石块和沙子封住墓室。

所有东西都要放到墓室里吗？

是的！这样奈费尔就什么都不缺了。

陵墓包含两个部分：地下墓室和祭堂。

祭堂向众人开放

方尖锥

这些食物足够你享用了，亲爱的奈费尔！

摆放祭品的供桌

墓井

墓室被永久地封住了。

其实，大多数古埃及人死后，只是被席子简单地裹起来，埋在沙漠里。只有最富有的人才能被制成木乃伊，拥有自己的陵墓。

最初，古埃及人会被安葬在一种叫"马斯塔巴"的陵墓里，后来才有了法老们的"金字塔"。

门

马斯塔巴

砖墙或石墙

早在公元前3000年，一些富有的古埃及人开始在沙漠中建造陵墓，这种墓室被称为马斯塔巴。

马斯塔巴的内部结构

祭堂

门

墓室中摆放着石棺和陪葬物品。

地下墓室

左塞尔金字塔

高约61米

公元前2610年左右，古埃及第三王朝法老左塞尔修建埃及第一座金字塔——左塞尔金字塔。这座金字塔呈6层阶梯状，相当于6个马斯塔巴墓，由大到小堆叠而成。

围墙

神庙和祭堂

地下墓室

大约公元前 2550 年，古埃及第四王朝法老斯尼夫鲁建造了好几座金字塔，其中一座是尖顶的。

美杜姆金字塔

红色金字塔

每一座金字塔的建造，都需要成千上万人！

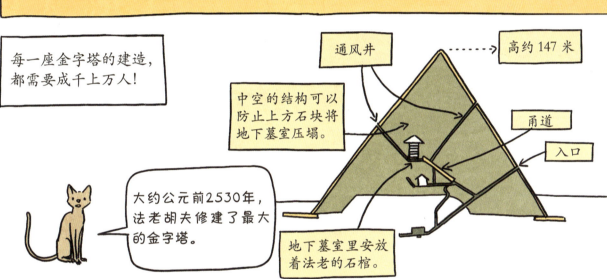

通风井

高约 147 米

中空的结构可以防止上方石块将地下墓室压塌。

甬道

入口

大约公元前2530年，法老胡夫修建了最大的金字塔。

地下墓室里安放着法老的石棺。

大约公元前2340年，法老乌纳斯使用象形文字装饰了他的金字塔内部。而之前，金字塔内部的墙上既没有文字，也没有壁画。

金字塔内的铭文大多是咒语，来保护逝者在冥界也能平安。

一座尖顶的山丘就是天然的金字塔。

地下墓室

从公元前2000年开始，古埃及人不再建造金字塔了，开始在岩石中挖凿墓穴。

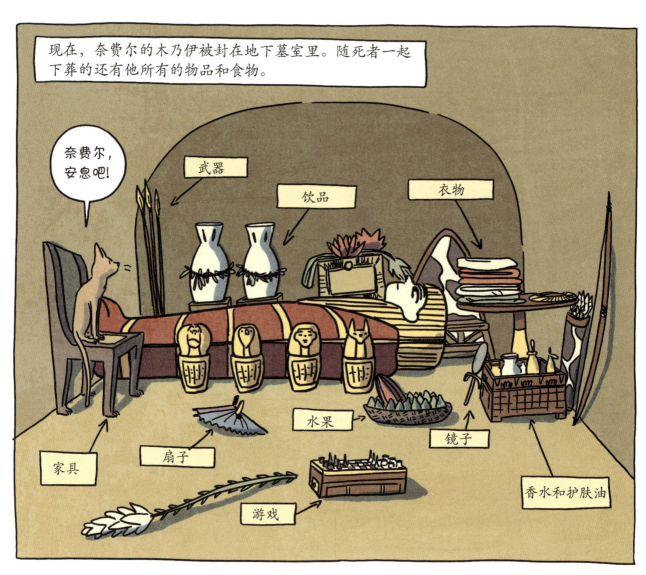

现在，奈费尔的木乃伊被封在地下墓室里。随死者一起下葬的还有他所有的物品和食物。

奈费尔，
安息吧!

武器

饮品

衣物

家具

扇子

水果

镜子

游戏

香水和护肤油

奈费尔之后会怎么样呢？在古埃及人看来，他将要去冥界体验那里的愉悦与危险了。

一扇门

一只眼睛

棺木上画着一只眼睛和一扇门，人们认为死者可以从石棺中出来并能看到四周的情况。

人们还相信死者会享用祭品，不论真的还是假的！

画上去的食物

新鲜的食物

他甚至可以在人间走一走……

又或者乘坐拉神的船穿越天际！

在古埃及神话中，人死后灵魂会来到冥王奥西里斯所掌管的冥界。

欢迎来到冥界，你知道接下来要做什么了吧？

是的。

阿努比斯
木乃伊之神和亡灵的守护者

奈费尔跟随阿努比斯来到审判大厅。在这里，死者的心脏会被称量，以衡量他是不是好人。

玛亚特
真理和正义的女神

这家伙看起来很好吃！

阿米特
等待吞噬的怪兽

托特
智慧与魔法之神

靠近一些！

奥西里斯

天平

奈费尔的心脏承载着他做过的好事和坏事。

天平的两端会怎样呢？

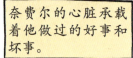

玛亚特放上一根代表真理与正义的羽毛。

奈费尔诚实地回答了审判官的提问。但是，他的心脏会比羽毛更重吗？

我没有偷盗，没有杀害他人，也没有说谎……

幸好，天平证明了奈菲尔的善良，他不会被吃掉了！

我这次的运气真糟糕……

祝贺你，奈费尔！你是一个正直的好人！

进入我的王国吧，愿你在这里幸福地永生。

一年又一年过去了……如果奈费尔重生，他将会看到新的埃及人和新的法老。

我们丰衣足食，人丁兴旺……

还有可爱的猫！

米泰的历史小课堂

大约公元前3200年

埃及象形文字的发明

有了象形文字，古埃及人就可以将他们的语言记录下来。这种文字存在了数千年，公元394年后，人们不再使用它，以至于它逐渐被遗忘了。直到1822年，法国学者让-弗朗索瓦·商博良又重新破解了这种文字！

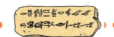

大约公元前3000年

蝎子王

蝎子王是传说中第一位统一了上下埃及的法老。有人说他叫那尔迈，也有人认为他叫美尼斯……这三个名字说的是同一个人吗？有可能，但是到目前为止，这还是个未解之谜。

公元前1279~公元前1213年

在位67年的拉美西斯二世

拉美西斯二世热衷于各种大规模的事物！他拥有一个非常大的家庭，有5位或6位王后，还有100多个孩子！他还兴建了许多城市和神庙，里面树立着无数巨大无比的石柱和雕像！

公元前1200年和公元前753年

古希腊人和古罗马人

公元前1200年左右，古希腊爆发了历史上著名的特洛伊战争，传奇英雄奥德修斯也出现了。根据罗马神话，公元前753年，双胞胎兄弟罗慕路斯与雷穆斯建立了罗马城。

小测验

1. 狮身人面像是什么？
ⓐ 一位非常厉害的书吏
ⓑ 一只长着法老头的狮子
ⓒ 一位长着狒狒头的神

2. 发明了埃及象形文字的智慧之神是谁？
ⓐ 塔特
ⓑ 托叶
ⓒ 托特

3. 最高的金字塔是哪一座？
ⓐ 孟卡拉金字塔
ⓑ 胡夫金字塔
ⓒ 左塞尔金字塔

4. 为什么古埃及人无论男女都画眼妆？
ⓐ 为了取悦神明
ⓑ 为了漂亮时髦
ⓒ 为了防止眼睛生病

5. 书吏是什么人？
ⓐ 会读和写的智者
ⓑ 大厨
ⓒ 厉害的武士

公元前1539~公元前1514年

法老雅赫摩斯一世

强大的雅赫摩斯一世重新统一了古埃及，令所有人向他臣服。他死后也被制成木乃伊，并像其他王室木乃伊那样被安置在一个隐秘的墓穴里，以免受盗墓贼的侵扰。如今，他的木乃伊已经被发现，但是他的陵墓仍有待发掘。

公元前1326年

法老图坦卡蒙去世

图坦卡蒙去世时年仅20岁，他被葬在一个很小的陵墓里。在众多的皇家陵墓中，唯有图坦卡蒙的陵墓躲过了盗墓贼的破坏，直到1922年才被英国学者霍华德·卡特发现。人们在里面发现了大量的宝藏：战车、石棺、黄金首饰、雕塑……

公元前332~公元前331年

亚历山大大帝在埃及

马其顿国王亚历山大三世梦想着拥有一个庞大的帝国。在征服了希腊、波斯之后，他又占领了埃及。他被加冕为法老，并建立了亚历山大这座城市。在他死后，他的朋友托勒密一世成为法老。这是一位讲希腊语的法老。

公元前30年

克利奥帕特拉七世去世

作为最后一位由古希腊人担任的法老，克利奥帕特拉七世非常热爱埃及和她的子民。当古罗马的统帅屋大维包围了亚历山大时，她并没有屈服。比起弃城投降，她宁愿被毒蛇咬死。

---

6. 祭司们是用什么抬着神像游行？
- ⓐ 战车
- ⓑ 金子制成的船
- ⓒ 马背

7. 法老有多少顶不同的王冠？
- ⓐ 2顶
- ⓑ 5顶
- ⓒ 9顶

8. 祭司们在木乃伊布条里塞了什么？
- ⓐ 鲜花
- ⓑ 食物
- ⓒ 珠宝和护身符

9. 纸莎草可以做成什么？
- ⓐ 船
- ⓑ 雕像
- ⓒ 罐子

10. 阿米特什么时候会把死者吞掉？
- ⓐ 它生气的时候。
- ⓑ 死者没有回答对冥王的问题的时候。
- ⓒ 死者的心脏比阿米特的羽毛更重的时候。

古埃及神灵

埃及是古老神话的起源地，充满了神秘。古埃及人崇敬神，因为他们无法解释自然界的现象，所以只能相信世界是众神创造的。

拉
太阳神

舒
空气之神

他们信仰的神灵很多，你能把他们的名字及相关信息写出来吗？

L' ÉGYPTE ANCIENNE EN BD
By Viviane Koenig, illustrations by Marion Duclos&Jérôme Alvarez
© Belin Jeunesse / Humensis, 2017.
Current Chinese translation rights arranged through Divas International, Paris
巴黎迪法国际版权代理（www.divas-books.com）

历史真有趣（全四册）

走进中世纪

［法］多米尼克·若利/著

［法］亚历山大·弗朗/绘

姜莹莹/译

上海文化出版社

目　录

嗨，我是你的向导弗拉儒！

欢迎来到中世纪！

公元5世纪，克洛维一世成为法国第一任国王，从此，法国开始实行君主制，也就是国家由一位国王来统治。

476年：西罗马帝国灭亡，中世纪拉开了序幕。克洛维一世是法兰克王国的第一位国王。

800年：法兰克王国的统治者查理曼被加冕为"罗马人的皇帝"。

1226年：路易九世成了法兰西王国的国王。他非常正直，被人们尊称为"圣人"。

1337~1453年：英格兰王国和法兰西王国发生了百年战争。

1515年：法国文艺复兴时期开始，艺术和科学都取得很大进步。

在中世纪，人们大多生活在乡村，以务农为生，只有领主和骑士们居住在城堡里。

我种植谷物。

我饲养鸡和猪。

我得睡个午觉！

大领主们拥有非常广阔的领土，他们会把一些土地分封给英勇的战士，得到土地的人就成了小领主。

从现在起，我就是小领主了！我要建造一座城堡来保卫我的领地。

小领主们享受着大领主的庇护，同时，他们也必须效忠于大领主，在战争来临时保护大领主。

你愿意成为我的封臣吗？

是的，我愿意！

这就是分封时的仪式。

建造一座城堡

我们来到1250年，路易九世统治的时代。
罗什博纳领主刚刚从父亲那里继承了一块领地………

四年过去了，罗什博纳领主的城堡终于建成了，他和全家人都住了进去。

巡逻通道

城堡主塔

城堡内庭

礼拜堂

方塔

箭缝

瞭望塔

城堡外庭

高达8米的围墙

城齿：城垛的凸起处，可以用来掩护。

垛口：城垛的凹陷处，可以用来射击。

吊桥

护城河

我的城堡固若金汤！没有人能够攻破它！

中世纪的城堡

在10世纪，最初的城堡只是用木头建造的塔楼。

木质的城墙

人工堆成的土丘

干涸或有水的沟渠

到了10世纪末期，石头已经用于建造城堡，它可以令城堡更加坚固，更能防火。

人们开始在幕墙之内，建造方形的城堡主塔。

在13世纪，城堡规模变得更大，可以更好地抵御进攻，同时，站在圆形的大主塔上也可以有效地观察四周的情况。

圆形主塔

角台

到了15世纪，城堡主塔逐渐被高大坚固的角台所取代。

15世纪末期，城堡除了担当防御的作用之外，也越来越适于居住了。

长廊

角楼

领主的统治

罗什博纳领主的城堡中生活着上百人。
这些人都是为他服务的。

守卫，请开门！

吊桥

闸门

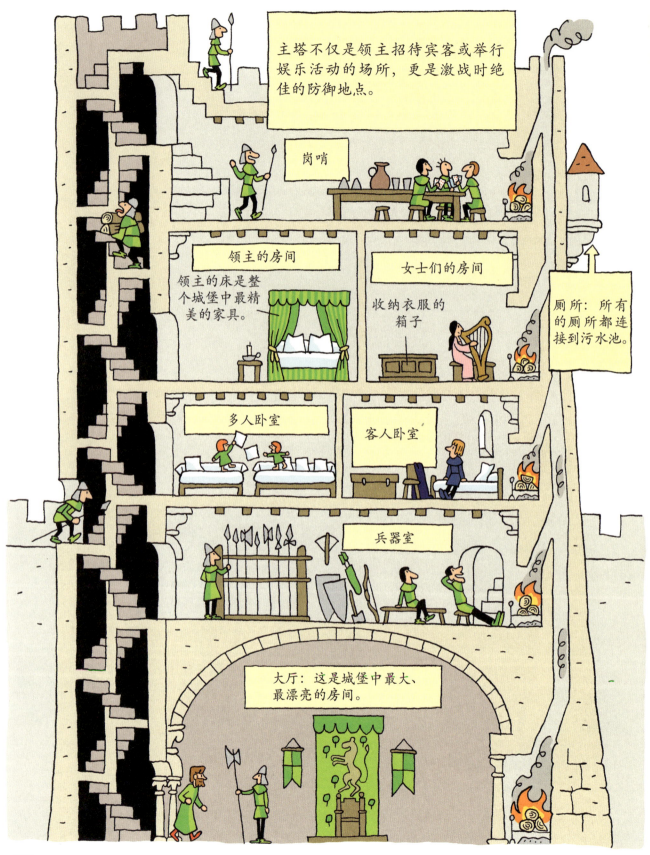

主塔不仅是领主招待宾客或举行娱乐活动的场所，更是激战时绝佳的防御地点。

岗哨

领主的房间

领主的床是整个城堡中最精美的家具。

女士们的房间

收纳衣服的箱子

厕所：所有的厕所都连接到污水池。

多人卧室

客人卧室

兵器室

大厅：这是城堡中最大、最漂亮的房间。

大厅是领主召开会议，用餐，以及举行宴会的地方。

请进，埃卢瓦骑士。快来谈谈我们的事情吧！

我要去睡个午觉！

女士们也聚在她们的房间里。

有点儿冷……太好了，这个正好用来暖脚！

我已经把罗班洗礼时要穿的礼服绣好了！

脚炉：在打了孔的金属盒子中，装满了热乎乎的炉灰。

这会儿正是孩子们的午觉时间，他们一起在这里休息。多人卧室里的床特别大，上面可以躺4个或6个，甚至是8个人呢！

特里斯坦，你占的地方太大了！

弗拉儒，别在这里待着！

好吧，我去看看士兵朋友们！

无边的领地

这天一大早，罗什博纳领主就在管家拉乌尔的陪同下，去视察自己的领地了。

领地中包含许多区域。这儿是领主的自留地，农田和菜园里所有的收获都是归领主享用的。

田地里种了小麦、燕麦和黑麦。

稍远一些的地方，领主把土地出租给农民。农民支付了地租，就可以耕种了。

在无法耕种的土地上，人们会饲养绵羊和山羊。

这还不是全部！教会也会征税，那就是"什一税"：每次收获的时候，农民们都需要用几袋粮食来缴税。

这些是用来缴什一税的。

管家负责催促农民们缴纳赋税和地租，因此，农民们都不欢迎他。

农民梅兰，你收获了几袋粮食？

我来计数！

罗什博纳领主还要在他的领地内主持审判。人们发生冲突的时候，都需要他来决断。他会让犯错的人交罚款或者公开受罚。

众人在惩罚这个偷鸡贼！

领主家的日常

布朗什夫人很少离开城堡，她要主持日常生活和负责孩子们的教育。

33

今天晚上，罗什博纳领主要举办一场宴会来庆祝丰收。

内务总管，请把肖万骑士和阿加特夫人带到他们的房间。我要去厨房看看厨师们准备得怎么样了。

今天的晚宴，我打算做蘑菇酱、烤羊羔、苹果慕斯……

非常好！第一批客人已经到了，待会儿见！

贵族们十分重视待客之道。远道而来的客人一到，就可以洗个舒服的热水澡。

热水已经准备好了，您慢慢享用。我得去接见神父，失陪了。

城堡里的神父每天都会给特里斯坦上课，课程包括阅读、写作和数学。

您知道特里斯坦马上就要7岁了……

是的，那时他就可以像他的哥哥一样去外出学习了。

我们先来读一遍，然后看看你有没有理解这些内容。

女孩们不需要去学校。在结婚之前，她们会一直和妈妈一起生活。作为一名贵族小姐，让娜需要学习骑马、跳舞和唱歌。

弗拉儒，听听我写的诗！

哇！

让娜必须遵守所有的行为准则。

我不能佩戴珠宝。

我不能化妆。

我走路时要低着头。

而这会儿，罗什博纳领主正在狩猎场打猎呢。没有战争的日子里，他最喜欢的活动就是打猎。

今天的狩猎肯定会收获很大！

呜——
呜——

狩猎场位于领主的森林里，里面有鹿、野猪，还有熊。只有领主才有权在这里捕猎。

老爷，那里有一头鹿！

抓住它！冲啊！

汪！
汪！
汪！

罗什博纳领主也会进行鹰猎。训练有素的隼（sǔn）可以猎到许多鸟。女士们也可以加入这种狩猎。

去吧，把猎物带回来！

到正午啦，该吃饭了。城堡的大厅里，仆人们正在忙着准备。

领主大人狩猎回来了，快去拿木板，把桌子搭好！

吃饭之前，罗什博纳领主和他的家人们会用带有香味的水洗手。

我已经饿得前胸贴后背啦！

仆人们会把所有的菜肴一起端上来，有肉有鱼，还有蔬菜和奶酪。

哇，有野猪肉酱，我最爱吃了！

也有你的份儿，我的小狗！

我要吃一个鸡腿！

这顿大餐有打猎带回来的战利品，也有在池塘或河中钓到的鱼。

这是我抓到的鲑鱼！

啊，我讨厌吃鱼……

取菜的时候，可以用刀直接把食物从托盘中挑出来。

餐盘可以是一块木板，也可以是一块不太新鲜的面包。

酒和水都要和邻座的人共享。

我可不能忘了提醒仆人们准备好晚上要喝的酒……

吃饭的时候，要用手拿着食物，然后直接用桌布把手擦干净。

于格，别用整只手抓着肉，用3根手指捏着就足够了。

用餐过后，还要再洗一次手。

客人们陆续到齐了。晚餐前，布朗什夫人正在精心打扮，为了让自己时刻都端庄美丽，她选择了一条新缝制的裙子。

领主也在他的房间里更衣，他挑出了自己最漂亮的衣服。

中世纪的服装

对于富人来说，穿衣服的方式会随着品味和时尚而变化。

斗篷

披风

绣有饰带的长衣

短袍

长裙

长裤

鞋

短靴

6 世纪到 11 世纪：人们喜欢宽松的衣服。

头纱

长袍

12 世纪：衣服开始变得更加贴身。

有着宽大袖子的束腰长裙

长裙

13 世纪：女性和男性的裙子都设计得更复杂了。

固定在下巴上的头饰

小包

穿在衬衫外面的羊毛裙

羊毛斗篷

连衣裙或短裙

最外面的无袖裙

这衣服可比盔甲舒服多了！

14世纪：服装的装饰很华丽，设计优雅，面料精致。

固定头发的发网

兜帽

紧身上衣

宽袖长外套

短外套

拖地长裙

长裙

15世纪：衣服变得紧身，贴合身体曲线。

希南帽

毡帽

深深的领口

加了垫肩的紧身短上衣

宽腰带

紧身裤

长裙

尖头鞋"波兰那"

我够苗条吗？

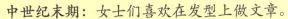

中世纪末期：女士们喜欢在发型上做文章。

这些头饰好漂亮呀！

丝绒发饰

心形发饰

牛角形高帽

蝴蝶形高帽

厨房里，厨师们正为了准备上百道菜而来回忙碌着。主厨亲自指挥着负责烤肉和做调味汁的厨师，还有那些给厨师打下手的小学徒们。

烤肉师傅

中世纪的时候，为了烘托食物的味道，人们很喜欢使用调味汁。它们是调味师用青葡萄或者其他香料制成的。

大功告成，所有的菜都做好了！30多位客人已经在大厅就坐。除此之外，罗什博纳领主还花钱邀请了音乐家、诗人和杂耍艺人为宴会助兴！

宴会开始啦！奏乐！

尊敬的诗人，今晚您会为我们讲述什么呢？骑士的探险之旅，还是一个爱情故事？

身份尊贵的客人们

美丽的女士，您今晚过得好吗？

这是全国最会表演的熊！

桌子底下实在太热了！

客人的身份不同，所吃的饭菜也不相同。

领主大人把他最漂亮的衣服和最精致的菜肴都展示出来了，真是大饱眼福啊！

43

这顿大餐会持续 3 ～ 4 个小时，菜式包括汤、前菜、烤肉、甜点和糖果。每个菜式又有很多种类。

这只山鸡是我昨天的战利品！

打猎让我胃口大开！我先尝尝这个烤洋葱沙拉。

大家开怀畅饮。不过，酒用水调制过，所以并不烈。用餐结束前，人们还要再喝一种用蜂蜜和肉桂调制的酒。

今晚的客人们真是海量！

接下来就是甜点了：新鲜的水果、华夫饼、贝涅饼、鸡蛋布丁……

我实在是吃不下了！

这些甜点看起来都好吃极了！我要吃哪个呢？

加果酱还是果泥呢？

成为一名骑士

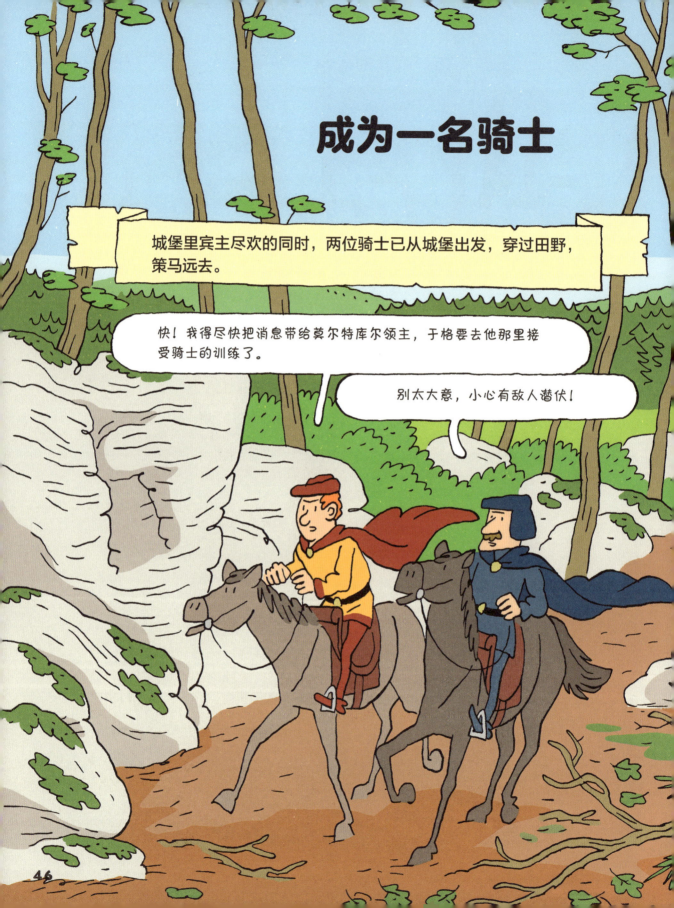

城堡里宾主尽欢的同时，两位骑士已从城堡出发，穿过田野，策马远去。

快！我得尽快把消息带给莫尔特库尔领主，于格要去他那里接受骑士的训练了。

别太大意，小心有敌人潜伏！

每一天，于格都要用他的木剑和木盾牌进行好几个小时的击剑训练。

于格，盾牌再举得高一些！

他要练习跑和跳。

再快一点儿！

我快坚持不住了！

他还要学习在骑马的时候单手控制缰绳，另一只手持剑或持枪进行战斗。

重新上马，再来一次！

一有机会，于格就会用人像靶来练习：用长枪击中人形的木靶，然后迅速地躲开。

这次一定要成功！

啪

16岁的时候，于格成为一名侍从。他将在骑士出征的时候陪伴左右，为骑士持盾牌和长枪。

等我18岁的时候，也会和我的朋友戈蒂埃一样，成为一名英勇的骑士！

骑士的装备

9世纪：骑士的盔甲只覆盖住躯干和头部。

11世纪：锁子甲出现了，防御功能大大提高！

配有护鼻的头盔

带有铁环的硬皮甲

裹着皮革的木质盾牌

皮质绑带

一身由铁环制成的锁子甲重达15千克。

从13世纪开始：骑士们开始穿戴盔甲，武器的种类也越来越多，杀伤力也越来越强。

战场上，全副武装的骑士们要靠纹章来识别彼此的身份。每个家族都有自己的纹章。

锁子甲

头盔

战袍

戈蒂埃骑士的纹章

鞋

金属护具

战马

马衣

和骑士一样，我也是要全副武装的。

盾牌

骑士的骑枪可以长达 2 米。

骑士一直剑不离身，去世之后还要把佩剑传给儿子。有的骑士还会为他的剑取名字。

锤矛

我叫"荒野之力"。

弓箭的射程可以达到 100 米。

这些是徒步作战时使用的武器。

弩所使用的箭更短一些。

从**14世纪**开始，骑士们开始穿戴覆盖全身的铁甲。

如果没有纹章，根本认不出里面的人是谁！

中头盔：面甲上设有通风孔。

铠甲重达 30 千克。

铰接式金属关节

战马也穿着金属马铠。

14 世纪的骑士盔甲

15 世纪的骑士盔甲

戈蒂埃 18 岁了。这意味着他将要接受受封仪式，成为一名真正的骑士了。

你的训练课程全部完成了！你可以参加受封仪式了，戈蒂埃！

于格，你还要再等一等。

明天，我就会拥有属于自己的装备：一套锁子甲、一些马刺、一柄长矛、一把剑，还有一面盾！

晚上，城堡里的神父陪着戈蒂埃来到礼拜堂。

去吧，孩子，你有一整夜的时间用来祈祷！

第二天，戈蒂埃的家人和朋友们全都来到礼拜堂，参加受封仪式。

我真为你感到骄傲，戈蒂埃！

以神圣的武器担保，仁慈地保卫弱者，虔诚地忠于上帝，勇敢地面对敌人，真诚地帮助朋友。

戈蒂埃得到了受到祈福的佩剑。领主会用剑拍一拍他的肩膀。

我册封你成为我的骑士！

祝贺你，戈蒂埃骑士！

戈蒂埃骑士就要参加他的第一次比武了。骑士比武既是显示实力的机会，也是一次实战训练。

呜——

罗什博纳城堡将举行盛大的骑士比武！敬请光临！

为期三天的骑士比武会吸引很多人，场地周围搭建起了帐篷、看台和栅栏。

加油干！快一点儿，时间快不够用了！

比武的前一天，骑士们都到了，有的独自前来，也有的结队而来。

哪支队伍会击败最多的对手呢？

加油，戈蒂埃！让他们看看你的厉害！

比赛结束后，罗什博纳领主还要去会见他的谋士。所有的城堡都面临被攻打的危险，他的城堡也不例外，这让他不得不担忧。

大人，最近布里松领主越来越让人感到威胁，我们在牧场附近看到了大量士兵，那些士兵都是他的人。

是的，他早就想吞并我的领地来扩张地盘了！

罗什博纳领主在发动攻击之前，早已知晓对手想要围攻他的城堡。

快去做好防御准备，得好好教训一下这位好战的领主了！

想要抵挡敌人的围攻，就必须粮草充足！于是，城堡的士兵们去农民那里征粮了。

敌人就要打过来了！快把你们的粮食、鸡和猪都交上来！

罗什博纳领主正在清点人手和物资：水、食物、武器和弹药，都要准备齐全！

我们大概要坚守好几个月！

在这片领地上生活的人们都会躲进城堡里避难。

我什么时候才能回家呢？

这天早上，天刚蒙蒙亮，布里松领主的军队便包围了罗什博纳领主的城堡，一场漫长的围城战役拉开了序幕。

据说，这位罗什博纳领主从来不会投降。

咱们拭目以待吧，大人。

挖战壕

敌营

用力！

这里的木材充足，我们可以造出足够的攻城器械和栅栏。

投石机马上准备就绪。

没有人能出去了。

城堡周围竖起了栅栏。

士兵在向护城河里填石头，这样一来就可以靠近城墙发起进攻。

城堡里也在紧张地准备着。吊桥已经升起，守城的士兵们观察着敌军的一举一动。

有场持久战要打了！

想让我们投降？这个布里松简直是在做梦！

武器已经准备好了，士兵们把投掷物抬到塔楼顶。

水

弓箭和弩箭

石块

让他们尝尝咱们的厉害！

每个士兵都已就位：有的在巡逻通道上，有的在塔楼顶，还有的在箭缝后面。

我呢？我要去哪儿？

罗什博纳领主和他的士兵们奋力反抗。比起敌军，他们的位置更安全，粮食也更充足，可以坚持得更久。

如果屋顶起火了，可以立刻从井里打水来灭火。

弓弩手用两张弩攻击，当他用一张弩射箭的时候，他的助手就为另一张弩装上箭。

我射中了！

他们想射进来可不容易！

你们永远别想打败我们！

燃烧的整桶树脂朝着敌人迎头浇下。

有了箭缝的掩护，弓箭手每分钟可以射出10支箭。

几天后，布里松领主放弃了进攻，士兵们撤营了。罗什博纳领主终于松了一口气！

61

布朗什夫人和她的仆人们负责照顾伤员。罗什博纳领主召集了一队工人来修缮城堡。

快把他们抬到大厅里去治疗！

巡逻通道被布里松这家伙破坏了！要抓紧把它修好！

在城堡里避难的人们终于能回家了。

咱们的小屋还会在吗？

我们都还活着，这已经很好了！

成功地击退了布里松的进犯，这让罗什博纳领主的威望大大提高，整个地区的人都对他十分敬畏，接下来应该是长治久安的局面了……

再也没有人敢来进犯，大人，您的实力真是太强大了！

14 世纪，中世纪已渐入末期，国王们重新掌握了权力，有能力保护国家，他们不再依赖大领主们的支持了，城堡的作用也越来越小。罗什博纳领主的后代们更喜欢住在更加舒适的宫殿里。

看看我们的罗什博纳城堡，现在一片荒芜。真令人难过！

城堡们仍然有着防御的功能，但它们已无法抵挡火炮的进攻，因为这种新出现的武器可以直接击碎城墙！

他们发射的炮弹这么厉害，让我们怎么还击？

骑士们加入了国王的军队，但他们没有步兵和弓箭手作战能力强，因此逐渐失去了威望。

我们称霸的时代去哪里了？

现在是公元1500年，中世纪和城堡的历史就要结束，新的时代要到来了！

弗拉儒的历史小课堂

496年

克洛维一世的洗礼

克洛维一世是法兰克部落的王，经过多次的战争，他统治了高卢地区，最终成为法兰克王国的国王。公元496年，克洛维一世皈依了天主教，率领3000名法兰克战士接受洗礼，得到了这个国家最有权势的阶层——贵族和神职人员的支持。

448～751年

墨洛温王朝的统治

墨洛温王朝是法兰克王国第一个大的家族王朝。王朝的名字来源于第一位国王——墨洛维。墨洛温王朝中有很多非常著名的国王，比如克洛维一世、达戈贝尔特，以及"懒王"——克洛塔尔三世、希尔德里克二世和提乌德里克三世。（他们并不是懒，而是缺乏权威！）

1099年

十字军东征的开始

这些从欧洲远征的战士们，先后发动了九次对土耳其穆斯林的战争，想要夺回被他们占领的"圣城"耶路撒冷。

1337～1453年

百年战争

公元1337年，英格兰国王爱德华三世宣称继承了法兰西国王的王位。两国之间的分歧引发了战争。这场漫长的战争持续了100多年，期间也有比较长的和平时期。

小 测 验

1. 领主是什么人？
   a 士兵
   b 神父
   c 土地主

2. 城堡里生活着多少人？
   a 大约30人
   b 大约1000人
   c 大约100人

3. 哨兵的职责是什么？
   a 警戒城堡周围的情况
   b 放羊
   c 监视村民

4. 最早的城堡用什么材料建造？
   a 石头
   b 木头
   c 稻草

5. 人们会用什么做餐盘？
   a 不新鲜的面包片
   b 陶瓷餐具
   c 桌布

6. 厨房里的负责人是谁？
   a 铁匠
   b 驯鹰师
   c 主厨

751～987年

加洛林王朝的统治

查理曼是这个新的家族王朝中最著名的国王。加洛林王朝的名字来源于查理曼的祖父查理·马特的拉丁语名字。查理曼建立了一个庞大的帝国，但在他去世后被继任者们瓜分了。

987～996年

于格·卡佩的统治

于格·卡佩是卡佩王朝的第一位国王，这个大家族在法国的统治长达1000年左右。

1345～1348年

大瘟疫

百年战争期间，比战争更可怕的不幸降临了，那就是鼠疫。人们既不知道它源自何处，也不知道该怎样对抗。这场大瘟疫夺去了近一半欧洲人的生命。

1431年

圣女贞德被烧死

百年战争期间，这位生活在法国洛林的农村少女组建了军队，解放了被英格兰人占领的领土。但是她不幸被捕定罪，被处以火刑，在法国鲁昂被当众烧死。

---

7. 大约几岁才可以成为骑士？

ⓐ 5岁

ⓑ 18岁

ⓒ 11岁

8. 什么武器可以用来射箭？

ⓐ 弩

ⓑ 投石机

ⓒ 标枪

9. 投石机的射程可以有多远？

ⓐ 1000米

ⓑ 200米

ⓒ 50米

10. 到了中世纪末期，为什么城堡的防御作用变弱了呢？

ⓐ 因为城堡坍塌了。

ⓑ 因为法兰西王国非常和平。

ⓒ 因为人们发明了新武器——火炮。

答案：1c, 2c, 3a, 4b, 5a, 6c, 7b, 8a, 9b, 10c.

她是法国童书作家和历史学家，也是一位插画家。出生于巴黎，1976年至1980年，她参加了位于埃及开罗的法国东方考古研究所的发掘现场和绘画工作室的工作。自1974年以来，她一直担任教师。1983年开始，她一直在为年轻人写书，有时还为书画插图。

维维亚娜·柯尼希

她是一位法国作家，主要涉及历史题材，曾在大学和高中教授历史。她出版了100多本书，被翻译成10种语言。她的作品有书、纪录片、小说和漫画，主要面向6~16岁的青少年。

多米尼克·若利

"爱因斯坦奖"获得者，NASA科学顾问
于贝尔·雷弗给孩子的科学漫画

大科学家于贝尔·雷弗携手当代漫画家，将海洋、森林及生物多样性的知识点穿插在孩子喜闻乐见的漫画中。科学家平易近人、循循善诱的细致讲解，搭配漫画家的趣味插画，让阅读变成一次次神奇的科学旅行，让孩子轻松掌握知识的同时，培养孩子像大科学家一样观察和思考！

《给孩子的科学漫画》

让孩子知天晓地、博古通今

引进自法国专业儿童科普出版社"米兰社"，包括《生命》《艺术》《交通》《太空》《饮食》《奥德赛》《恐龙》和《探索》8个主题。这是一套非常贴近儿童视角的通识启蒙绘本，简洁有趣的文字与场景式的插画相结合，使每个主题的知识都变得生动易懂，让孩子在轻松活泼的氛围中亲近知识、感悟历史、打开想象。

 《亲亲历史图书馆》

满足孩子的好奇心 和爸妈一起妙想世界

永远保持好奇心的人，是永远进步的人。照片和写实图片，搭配可爱的手绘涂鸦生动讲述七大主题，让读者在快乐的阅读中领略自然风光、学习科学知识，同时在潜移默化中，提升审美和认知能力。

《亲亲科学图书馆：好奇心大百科》

孩子的世界观始于他们的提问

全系列精选孩子常问的问题，用简洁易懂的语言，结合童趣十足的场景式插画，给以清晰又详实的引导性回答。主题包罗万象，涉及天文地理、动植物、科技发明、体育运动、人体、生活百科、人文历史等多个知识领域，满足孩子的好奇心，塑造孩子的世界观，培养孩子独立思考的能力。

 《我的小问题》

LE MOYEN ÂGE EN BD
By Dominique Joly, illustrations by Alexandre Franc
© Belin Jeunesse / Humensis, 2017.
Current Chinese translation rights arranged through Divas International, Paris
巴黎迪法国际版权代理（www.divas-books.com）

历史真有趣（全四册）

漫游凡尔赛宫

［法］多米尼克·若利 / 著

［法］克莱奥·热尔曼 / 绘

姜莹莹 / 译

上海文化出版社

目 录

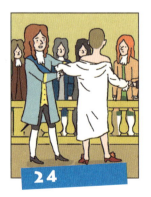

你好，我是你的向导贝贝！

38

国王的午餐

44

午后的消遣

56

城堡欢乐夜

64

贝贝的历史小课堂

欢迎来到路易十四的时代！

公元5世纪，克洛维一世成为法国第一任国王，从此，法国开始实行君主制，也就是国家由一位国王来统治。

我的穿戴都是王权的象征。

王冠

权杖

装饰有金百合的蓝色斗篷

历代国王都来自同一个家族，王位世代传承。下面这些是 17 世纪和 18 世纪的法国国王。

❶ 亨利四世
（1572～1610年在位）

❷ 路易十三
（1610～1643年在位）
亨利四世的儿子

❸ 路易十四
（1643～1715年在位）
路易十三的儿子，亨利四世的孙子

❹ 路易十五
（1715～1774年在位）
路易十四的重孙子

❺ 路易十六
（1774～1792年在位）
路易十五的孙子

法国大革命（1789～1799年）摧毁了法国的君主制，1793年，路易十六被判处死刑。

路易十四是法国最著名的国王。4 岁继承王位，在位 72 年，他是法国历史上执政时间最长的国王，被称为"太阳王"。

我不需要任何人来帮助我执政，我可以决定任何事情！

这就是君主专制。

这些都是忠诚的大领主，有他们的左右拥簇，我的权力显而易见！

国王永远被群臣拥簇着。

客人们

侍臣

朝臣和幕僚

仆人

国王并不总是住在同一个地方，他会根据季节和心情选择住在哪座宫殿里。
这些豪华的宫殿是之前的国王们建造的。

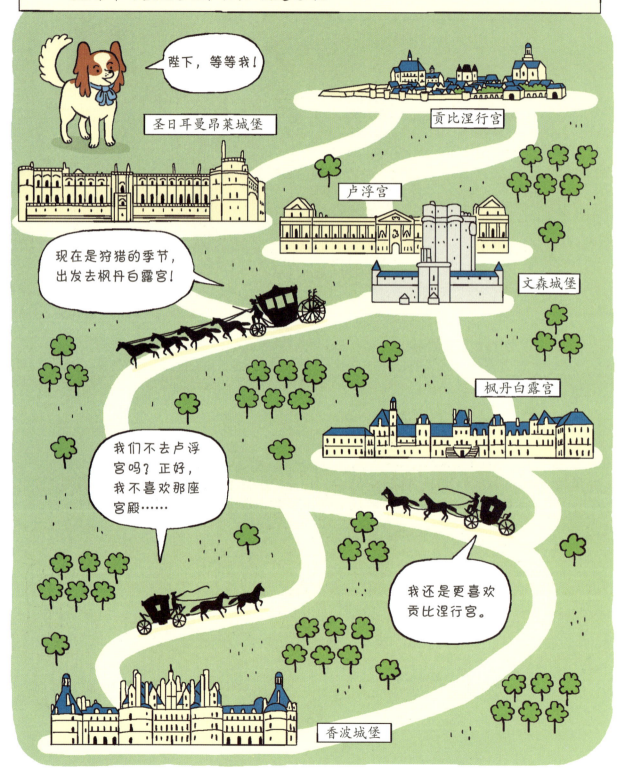

建造凡尔赛宫

凡尔赛宫的修建工程持续了150多年，为了成为一座完美的宫殿，它不断地被扩建，修整，改造……

这项大工程要从 1661 年说起。路易十四首先将他父亲的行宫扩建为非常舒适的乡间别墅。

这儿实在是太小了!

路易十三的行宫

陛下说得有些夸张了,这里有30多个房间呢!

从 1663 年起,路易十四就时常和玛丽亚-特蕾莎王后以及他们的儿子来这里居住。

这里是新的马厩……

那边是新的厨房和佣人房!

国王还想要一个精美的花园。

看看这些精心设计的花坛！

那里还可以玩游戏。

凡尔赛宫其实也是一座游乐园！

滑雪（草）场

太快了，我要飞起来啦！

出口在哪儿？

迷宫

动物园里生活着奇珍异兽。

跟它一比，我的个子好小哇！

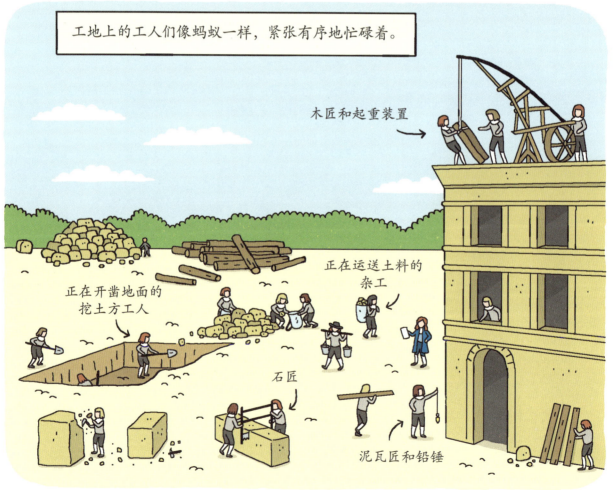

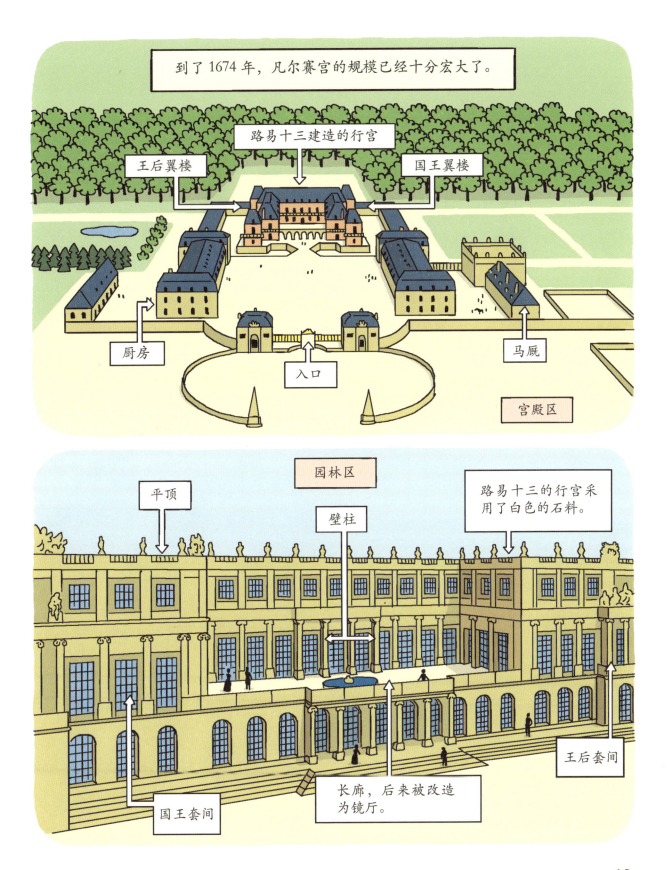

到了 1674 年，凡尔赛宫的规模已经十分宏大了。

路易十三建造的行宫

王后翼楼

国王翼楼

厨房

入口

马厩

宫殿区

园林区

平顶

壁柱

路易十三的行宫采用了白色的石料。

国王套间

长廊，后来被改造为镜厅。

王后套间

13

从 1678 年到 1708 年间，建筑师哈杜安·孟萨尔为凡尔赛宫建造了许多新的建筑。36000 多名工人和 6000 多匹马为这个大工程付出了艰辛，同时也发生了多起事故。

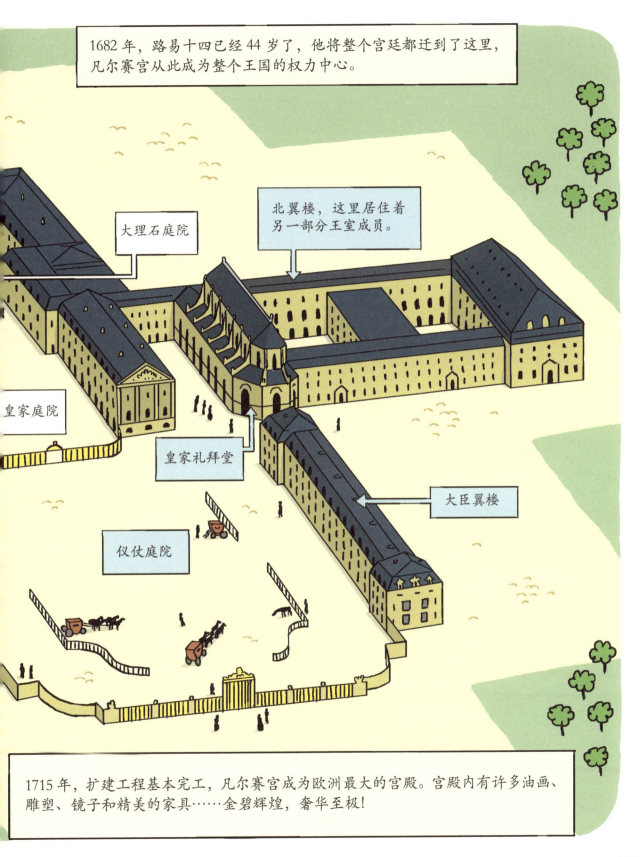

1682 年，路易十四已经 44 岁了，他将整个宫廷都迁到了这里，凡尔赛宫从此成为整个王国的权力中心。

北翼楼，这里居住着另一部分王室成员。

大理石庭院

皇家庭院

皇家礼拜堂

大臣翼楼

仪仗庭院

1715 年，扩建工程基本完工，凡尔赛宫成为欧洲最大的宫殿。宫殿内有许多油画、雕塑、镜子和精美的家具……金碧辉煌，奢华至极！

此外，路易十四还想要一个更加奢华的花园。园艺设计师勒诺特尔通过40多年的努力，才完成了这个最具代表性的经典"法式"花园。

小树林

橘园，冬天的时候能容纳橙子、柠檬和棕榈等树木过冬。

水池

瑞士人湖，由瑞士护卫队士兵开凿而得名。

方形的花丛

树木和草地变成了这么美的花园，可真是巧夺天工啊！

宫殿

谁住在这里？

看，这儿可真热闹呀！每一天，都有几百人在凡尔赛宫进进出出。他们来这里工作，拜访，谈天说地，但最重要的目的是来参见国王。那么，这些人都有谁呢？

有 6000 多人生活在凡尔赛宫里或者宫殿附近。

国王和他的家族

所有的家人都在我的身边。

王后 →

国王的兄弟和他的家人们

国王的儿子——王太子一家

贵族：他们曾经都是实力强大的大领主，生活在自己的城堡里。如今，他们都住到凡尔赛宫里来了。

国王要求我们必须为他服务。

遛狗的仆人

我们人数很多，有成百上千呢！

仆人们

工作人员：他们花钱买到了在凡尔赛宫里工作的机会，比如成为一名贴身仆人，或是从事做饭、维修钟表、打理花园等工作。

挑水工　　清洁工

但是，并非所有的贵族都住在凡尔赛宫里。

我们住在不远处的城里，可以经常来参见国王。

没有足够的房间了！

我就住这儿，皇家旅馆。

凡尔赛宫也是对外开放的，每天在宫殿和花园之间来往的人络绎不绝。

只要在入口处租一顶帽子和一把佩剑就可以入宫了！

脱下围裙就可以进宫了！我都准备好了，一起进去吧？

排好队，后面的人不要挤！

21

出行方式

在路易十四的时代，交通工具很少。人们大多步行，长途出行的时候则会乘坐马车。富人们觉得自己高人一等，就连出门也成了显示高贵身份的机会。

轿子

小窗户

木质轿厢

如果是一个人出行，路程又近，那就会乘坐一顶人力轿子。

2名轿夫

轿式人力车

装有2个轮子的木质轿厢

只需要一个人拉车就可以了。

多人厢式马车——科奇车

2～6匹马

可供8～16人乘坐

如果路途较远，人们就会乘坐马车出行。

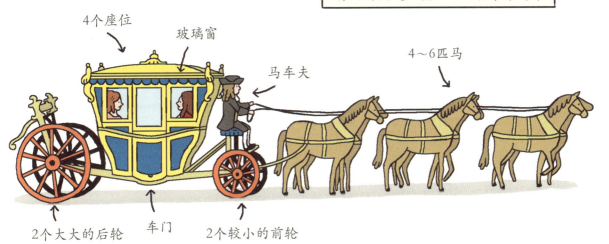

富人的交通工具——四轮豪华马车

4个座位

玻璃窗

马车夫

4～6匹马

2个大大的后轮　　车门　　2个较小的前轮

凡尔赛宫的清晨

凡尔赛宫的一天开始了。国王每天起床的时间都是固定的，日复一日，分毫不差。路易十四甚至规定了起床礼——国王会在王公贵族面前起床和洗漱！

呼，呼，呼！

嘘！国王还在睡觉呢……

这个时候，在贵族们居住的宫殿里……

这是布瓦弗勒大人的卧室。

小起床仪式快开始了，我要迟到了！

哎呀！这个房间实在是太冷了！

咱们主子赶时间，动作快一点儿！

每天早晨都是这样！

唔，这件衬衫闻起来不错。

人们起床之后不用洗澡，保持清洁的方法就是每天早晨换一身干净的衣服。

另一边，女管家们已经在为国王的孙辈们准备早餐了。

9 点 30 分：大起床仪式开始了。上百名朝臣（只有男性）进入国王寝宫。

9 点 45 分：国王穿过镜厅，来到皇家礼拜堂。

10 点：国王在祷告。很多贵族都扭过头去，看着国王，一点儿也不专心。

11 点：国王召集大臣们在会议室里开会。

好了，各位，会议开始。

你们请讲吧。

国王说得不多。他一直在聆听，只是在最后做出决定。

作为国王，路易十四可不会把治理国家的事交给别人，他总是亲力亲为。不同的日子，他会安排不同的大臣来分别商讨外交、财政以及工程进展等事务。

大臣的官职可以世袭，但国王有权罢免。

大臣们的材料由他们的幕僚提前准备好。

每个人都很严肃！

优雅的着装

1685年的一位贵族夫人

蕾丝帽

方形大领口

长至肘部的袖子

蕾丝长袖子

装饰有蝴蝶结的紧身胸衣

冬天取暖用的皮毛手笼

胯部华丽的褶皱设计

长裙

拖地裙摆

真丝或天鹅绒质地的高跟鞋

贵族们拜见国王的时候，必须要精心打扮一番。

1685年的一位贵族

装饰着羽毛的
帽子

卷发造型的假发

齐膝紧身外衣

白色的领巾

短上衣

纽扣固定
的翻袖口

佩剑腰带

蕾丝袖口

香薰过的手套

及膝短裤

红跟的方头
高跟鞋

真丝长筒袜

他们的精美服装
都是由昂贵的面
料制成的。

国王的午餐

上午的工作卓有成效，国王对此十分满意。忙碌了几个小时，肚子有点儿饿了，国王回到寝宫。午餐会照常在13点准备好。

闻着香喷喷的气味，我就知道他们端来了什么！

每一天，宫殿里 1000 多人的吃喝都会消耗数量惊人的食物。

这是从国王的菜园里摘的蔬菜和水果！

园丁还放了第一批成熟的草莓！

大附属宫的地窖里储存着豆子、香料、酒、肉干、腌肉和熏肉。

这桶勃艮第红酒已经见底，需要采购了，这可是国王最喜欢的酒。

负责准备食物和在用餐时提供服务的人非常多。

总共有600多人呢！

仆人们在厨房工作。

管家们掌控着用餐的流程。

膳食总管负责烹调和指挥仆人们。

那些被国王允许入宫的贵族们正在其他房间中进餐。

* 宴席上没人动过的饭菜被称为剩餐。

43

午后的消遣

国王会在14点到17点之间外出。路易十四很喜欢户外活动，今天下午的安排是打猎。

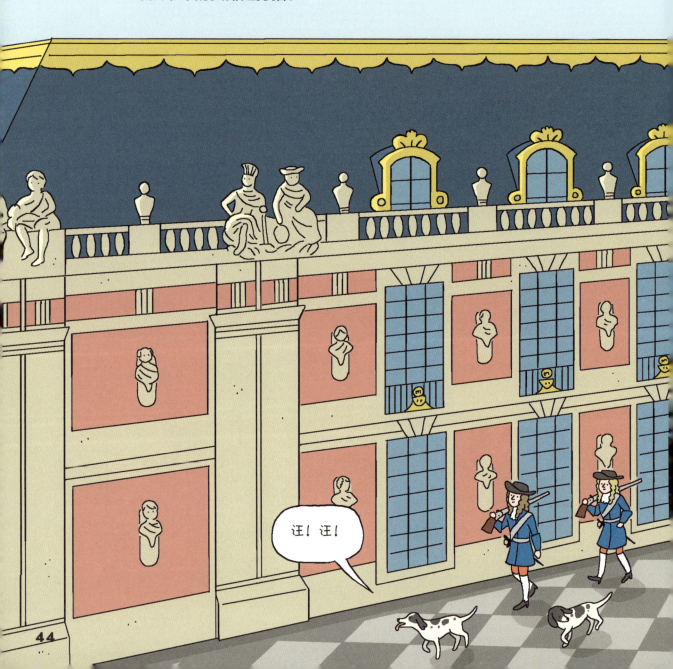

路易十四每周都要打猎三次，鹿、山鸡和鸭子都是他的狩猎目标。狩猎的随行人员也都是由他钦点的。

不打猎的时候，国王喜欢在花园里散步。凡尔赛宫的花园是对公众开放的，路易十四甚至为来此游览的人们写了一本参观指南。

凡尔赛宫里设有众多的水池和喷泉，为了解决水源的问题，工人们铺设了许多管道，将水从池塘和水库引到这里。

甚至连塞纳河里的水都被抽到这里来了！为此，路易十四特意命人建造了超大规模的水泵——马尔利机械。

王室的孩子们每天都会和女管家们一起在花园散步，他们最喜欢的地方就是动物园了。

这些动物分布在七个庭院中。从中世纪开始，法国的国王们就很喜欢拥有自己的动物园，里面圈养着通过购买或者馈赠得到的各种稀有动物。

宫殿里，没有被邀请参加狩猎或是散步的贵族们正等待着国王的归来。

尽管宫殿中戒备森严，但偷窃事件却屡禁不止。

时尚潮流

路易十四的时代，假发是用天然的卷发制成的。一顶假发不仅很重（约1千克），而且还很昂贵。人们可以直接把假发戴在自己的头发上，也可以把头发剃掉再佩戴假发。

开窗假发：佩戴者本人的头发和假发混合在一起。

短假发：用于上午佩戴。

卷曲长假发：路易十四在执政晚期佩戴了这种假发，国王的影响力让这个样式变得非常流行。

长假发：用于晚上和重大活动时佩戴。

假发让男人们显得更加高大威风。

化妆：为了让皮肤显得特别白，人们会在脸上、脖子上、胸前和手臂上擦许多粉。

假痣：把小块的黑色布料贴在脸上，看起来就如同长了美人痣一样。

腮红

口红

女士们的发型经常变化。今天流行高高的发髻，明天又流行超多的发量，再过几天，大家的发髻又变低了！

在1670年左右，女士们会梳一种"卷心菜发型"，在脸庞周围堆砌许多小发卷。

从1678年开始，苏丹发型开始流行，头发被梳成高高的发髻，并用丝带加以装饰。

1680年至1710年间，女士们在苏丹发型的基础上进行了改动。

发髻越来越高。

头发的造型需要用铁丝固定。

或者加入蕾丝、缎带、珍珠等装饰物。

时尚的脚步从不停歇，每个细节都不能忽略！

为了掩盖难闻的气味，人们会使用一些气味浓烈的香料。

贴身携带的香粉包

在室内，风箱吹送的香粉和香炉中的熏香也必不可少！

18点至22点之间，路易十四会待在曼特农夫人的寝宫里。在王后去世之后，曼特农夫人成为国王的第二任妻子。

我还要给你口述几份文件，然后在上面签字。

当国王可真不容易，从没有一分钟的清闲！

唉，曼特农夫人又在抱怨了！

22点，晚饭时间到了。国王的晚餐仪式称为大食，厨师、卫兵和仆人们都已经准备就绪，等待国王的驾临。

得抓紧时间布置餐桌了！

这个船形的容器里放着国王要用的餐巾。

这个餐具盒里装着刀叉。

这些精美的餐具全都是纯金打造的！

53

23点，国王要回卧室休息了。

国王的就寝大礼同样是在群臣的注视下进行的。

先生们，请回吧！

听到这句话，就意味着大家可以离开了。

呼，这一天可算过去了！

接下来是就寝小礼，寝室里只留下了三十几个人：他们都是国王的家人和密友。

我明天的日程安排就是这样……

时至午夜，国王的一天终于结束了。他独自入眠，只留贴身侍从在床角处休息。

所有的门都是从里面反锁的。

灯台上的蜡烛整夜不熄。

我也哈欠连连了，去睡觉啦！

寝室的门外有卫兵把守，他们每晚都会使用不同的接头暗号。这里戒备森严，谁都别想闯进来！

城堡欢乐夜

今天晚上，国王迎来了上百位宾客。
凡尔赛宫的宫殿和花园被成千上万的蜡烛装点得灯火通明，
音乐会、戏剧表演和盛大的舞会都已经准备就绪。

晚会要开始啦！

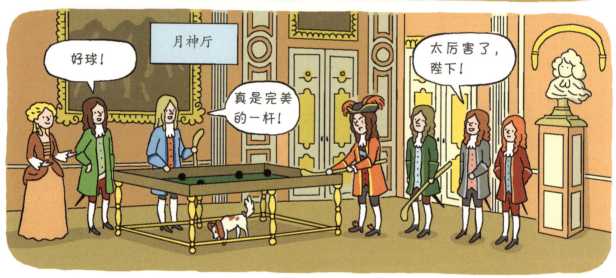

第二天，一位外国王子应路易十四的邀请来到凡尔赛宫，盛大的庆典令他叹为观止。镜厅的地面全部打了蜡，小提琴声悠然而起，舞者们脚步婀娜，摇曳生姿。

王室成员的出生庆典和婚礼也会在这里举行。

亲爱的夫人，您真是光彩照人！

国王今天的心情真好呀！

他总能让客人们流连忘返。

小树林那边的表演开始了，快来看！

法式水果软糖

蛋白脆饼

果盘里是凡尔赛宫自产的橙子和柠檬。

夜幕降临，宾客们纷纷登上了贡多拉，乘船游览大运河，乐手们也随船同行，晚风中回荡着舒缓的音乐。行至午夜，众人来到了宫殿正前方，绚烂的烟花瞬间绽放，点亮了漆黑的夜空。

贝贝的历史小课堂

1623年

凡尔赛的狩猎行宫

路易十三经常离开他居住的圣日耳曼昂莱城堡，外出狩猎，因此他在凡尔赛小镇修建了一座狩猎行宫。后来，他的儿子路易十四将这座行宫扩建成了壮丽的凡尔赛宫。

1643年

4岁的国王

路易十四登基的时候仅仅4岁！由于他实在太过年幼，掌管政权的其实是他的母亲——奥地利的安娜。红衣主教马扎然负责辅政，同时教导小国王。

1664年5月

凡尔赛宫的第一场盛会

露易丝·德·拉瓦利埃尔是当时路易十四最宠爱的情人，为了讨她的欢心，国王在凡尔赛宫的花园里举行了"迷人岛欢乐会"。这场盛大的庆典持续了一个星期，有600多位宾客前来参加！

1667~1713年

战争时期

路易十四在位的大部分时间里，人民都饱受战争之苦：男人们不得不背井离乡奔赴战场，各种赋税也越来越重。当国王去世的时候，国家的疆土虽然扩大了，但也已濒临灭亡。

小测验

1. 怎样才能成为国王？
   - ⓐ 继承母亲的王位
   - ⓑ 由人民选举为国王
   - ⓒ 继承父辈的王位

2. 路易十四被人称作什么？
   - ⓐ 被偏爱的国王
   - ⓑ 无所畏惧的国王
   - ⓒ 太阳王

3. 凡尔赛宫的修建工程大约持续了多少年？
   - ⓐ 20年
   - ⓑ 150年
   - ⓒ 300年

4. 勒诺特尔的职业是什么？
   - ⓐ 面点师
   - ⓑ 建筑师
   - ⓒ 园林设计师

5. 四轮马车由谁来驾驶？
   - ⓐ 轿夫
   - ⓑ 马车夫
   - ⓒ 飞行员

6. 国王几点钟起床？
   - ⓐ 8点半
   - ⓑ 10点钟
   - ⓒ 12点钟

1649年1月

逃离巴黎

民众、贵族和其他的王公们纷纷起义反对马扎然和太后的统治，路易十四和他的家人们不得不在1649年1月6日逃离巴黎。这段糟糕的回忆，促使国王日后决定在凡尔赛另建宫殿。

1660年6月9日

王室婚礼

路易十四与玛丽亚-特蕾莎结为夫妇。玛丽亚-特蕾莎是西班牙国王的女儿，为了法国与西班牙能够和平相处，嫁到了法国。婚礼之前，她与路易十四仅仅相识3天！这位王后将巧克力和橙子引入法国宫廷。她和路易十四有6个子女。

1682年

凡尔赛，法兰西王国的首都

凡尔赛宫的建设还没有完工，国王便已经决定在此居住了！这是法兰西王国有史以来，国王、政府和贵族第一次在同一个地方定居，凡尔赛也就此成了王国的首都。

1715年9月1日

路易十四去世

1715年，路易十四去世，终年77岁。此时，他的儿子和孙子们都已经先于他离世，王位只能传给他的曾孙——年仅5岁的路易十五。政府搬离凡尔赛宫，年幼的小国王也搬到巴黎的杜伊勒里宫去了。

---

7. 男士想进入凡尔赛宫的城堡，需要穿戴什么？

ⓐ 披风和靴子

ⓑ 长外套

ⓒ 帽子和佩剑

8. 每次用餐，需要多少人准备饭菜和在席间服侍？

ⓐ 超过50人

ⓑ 超过300人

ⓒ 超过600人

9. 路易十四怎样吃肉？

ⓐ 用手抓着吃

ⓑ 用叉子

ⓒ 用刀切

10. 橘园是什么？

ⓐ 可以品尝橙汁的大厅

ⓑ 可以在冬季保存橙子树的暖房

ⓒ 可以种植橙子树的花园

答案： 1c, 2c, 3b, 4c, 5b, 6a, 7c, 8c, 9a, 10b.

太阳王的一天

住在奢华的凡尔赛宫里，太阳王——路易十四的所有活动几乎是公开进行的。他的生活要遵守一些非常严格的礼仪。看来，国王的一天也不轻松呢……

8:30

起床，洗漱

8:45

小起床仪式

13:00

午餐

11:00

召集大臣开会

14:00~17:00

外出打猎

18:00~22:00

在曼特农夫人的宫殿

9:30 大起床仪式

9:45 前往皇家礼拜堂

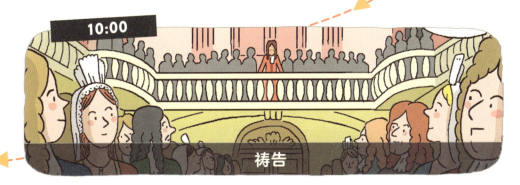

10:00 祷告

22:00 晚餐时间

23:00 就寝仪式

图书在版编目（CIP）数据

历史真有趣：全四册 /（法）多米尼克·若利，
（法）维维亚娜·柯尼希著；（法）克莱奥·热尔曼等绘；
姜莹莹译. — 上海：上海文化出版社，2022.10
ISBN 978-7-5535-2580-8

Ⅰ.①历… Ⅱ.①多… ②维… ③克… ④姜… Ⅲ.
①欧洲–历史–儿童读物 Ⅳ.①K500.9

中国版本图书馆CIP数据核字(2022)第159199号

LE CHÂTEAU DE VERSAILLES EN BD
By Dominique Joly, illustrations by Cléo Germain
© Belin Jeunesse / Humensis, 2018.
Current Chinese translation rights arranged through Divas
International, Paris
巴黎迪法国际版权代理（www.divas-books.com）

图字：09-2022-0428号

本书简体中文版权归属于北京阿卡狄亚文化传播有限公司。

出 版 人：姜逸青
出　　品：阿卡狄亚童书馆
责任编辑：王莹兮
特约编辑：陈舒婷　张　姣
装帧设计：陈梦瑶

书　　名：历史真有趣（全四册）
作　　者：［法］多米尼克·若利　［法］维维亚娜·柯尼希/著
　　　　　［法］克莱奥·热尔曼 等/绘
译　　者：姜莹莹
出　　版：上海世纪出版集团　上海文化出版社
地　　址：上海市闵行区号景路159弄A座3楼 201101
发　　行：北京阿卡狄亚文化传播有限公司 010-87951023
印　　刷：小森印刷（北京）有限公司 010-80215076
开　　本：787×1092　1/16
印　　张：17
印　　次：2022年11月第1版　2022年11月第1次印刷
书　　号：ISBN 978-7-5535-2580-8/K.290
定　　价：128.00元（全四册）
如发现印装质量问题影响阅读，请与阿卡狄亚童书馆联系调换。
读者热线：010-87951023